人生を思った通りにデザインする

自分で自分の機嫌をとる習慣

ゴミ拾い仙人
吉川充秀

かや書房

はじめに

幸せとは上機嫌である。このことに気付いてから、私の人生が変わりました♪　よく「機嫌は大事だ」と人は言います。多くの書籍においても、「機嫌は幸せの一要素」という扱いです。しかし、上機嫌オタクの私から言わせると、「**機嫌こそが大事である**」とお伝えしたいと思います♪　なぜなら、**「上機嫌が幸せの正体」だとしたら、自分の機嫌のことだけ考えて生きていけば、幸せになれるからです♪**

私は2005年から、幸せの専門家として、「幸せとは何か」について研究してきました。その結果、わかったことは、研究するほどわからなくなるということです（笑）。自己啓発書や哲学書を読めば読むほど、幸せの定義が曖昧模糊《あいまいもこ》としてわからなくなります。「幸せとは」を突き詰めて、書籍やセミナーなどから、私のEVERNOTEというメモアプリにかき集めた幸せ関連情報は1万6000超。それをルール化したら、幸せの正体が見つかるはずだと思い、抽象化にトライをしますが、すればするほど迷子になります（苦笑）。

それでも「わが社の社員に、幸せとは何かをわかりやすく伝えたい」、そう念じていたら、

２０１４年頃でしょうか。ふと気付きました。幸せとは上機嫌のことではないかと――。それ以来、私は上機嫌を目指し、私が経営する会社でも「上機嫌経営」を採り入れます。その結果、幸せとは上機嫌のことであると確信を持ち、自分の機嫌をよくすることだけを考えて生きてきたら、ますます幸福度が上がっていきました。

今思えば、**私の人生最大の気付きの一つが、「幸せとは上機嫌である」ということです**。

「幸せとは」を考えると、存在そのものや宇宙の根本原理を探求する形而上学《けいじじょうがく》、哲学に発展します。小難しい理論にハマり、それこそ幸せが見えなくなります。ところが、上機嫌こそが幸せだとわかると、研究・実践対象が**「学問の場」**から**「生活の場」**になります。自分の機嫌を、自分の生活の中で、どうとるかだけを考える。すると、自分が上機嫌になる確率が必ず上がります♪　**その上機嫌の時間が人生の間で、長い人ほど幸福である、それが私の「幸せな人」の定義です♪**

本書では、曖昧な「幸せ」や「幸福」という言葉をほぼ全て、「機嫌」に置き換えました。

自分を幸せにすることは複雑です。「幸せになるには、お金も必要、良好な人間関係も大切、何より健康でなきゃ、でも、自分の心も大切だよなあ。運もよくしなきゃ……」。幸せを構成する因子が複雑に絡まり合い、どっちつかずの生き方になりがちです。仕事を取れば、家族が犠牲になるし、運をよくするには、部屋を片付けないといけないし。かと言って、週末のまとまった時間は、家族との時間にも充てたいし……。

ところが、**自分の機嫌をとることはシンプルです。実生活の中で、自分の今現在の機嫌をよくすることだけを考えればいいからです。**

「幸せ」と考えると、問題がマクロになります。お金、人間関係、健康、社会……。人生の重要テーマを一つ一つ学び、自分なりに幸せの結論を出す必要があります。また、大きい問題は一工程では解決することができないのです。ところが、**機嫌と考えると、問題がミクロに小さくなります。**「今現在の自分の機嫌はどうか?」と、生活の一つ一つのシーンを**「具体的に」一工程を変えれば、機嫌がよくなる**のですから♪

…………………………

さて本来、本書は「結果を出す習慣と、自分の機嫌をとる習慣」の対比本にする予定でした。と言うのも、私は24歳から25年間、経営者として「結果を出す世界」にどっぷり浸かって、それこそ結果を出すこと「しか」考えていなかった時期があるほどの、「結果を出すオタク」だったからです（苦笑）。本書では、「結果を出す習慣」については、紙面の都合上、ほとんど述べていません。もし、私が語る『結果を出す考え方』を知りたければ、私の会社経営の膨大な仕組みを公開している、株式会社プリマベーラのホームページをご覧くださいね♪

株式会社プリマベーラ
経営サポートの
ホームページ

同時に、紙面の都合上、１２０ページ分の原稿を泣く泣くカットしました……。その原稿の一部を、『上機嫌宇宙一を目指す吉川充秀が、どハマりしている宗教とは？』というテーマと、『競争社会の本質とは？　その競争社会で上機嫌に生きるには？』というテーマで、加筆修正して書き上げました♪　本書を読んで、「その内容、気になる！」と思った方は、ＬＩＮＥ登録して読んでみてくださいね♪　経営サポートのＬＩＮＥを友だち登録していただくと、成果の出る仕組み化経営のはじめ方が学べる、７つの特典も合わせて準備してます♪

ゴミ拾い仙人　吉川充秀
公式ＬＩＮＥアカウント
『どハマりしている宗教』
が読めます♪

株式会社プリマベーラ
経営サポート
公式ＬＩＮＥアカウント
『競争社会の本質』
が読めます♪

最後に、改めて言います。「**幸せとは上機嫌のことである**」と。そして、**この定義を自分にインストールすれば、パラダイムシフト（価値観の大転換）が起こります♪　自分でコントロールすることが難しい「幸せ」を、自分でコントロール可能な「機嫌」に置き換えることができれば、自分の人生を思い通りにデザインできるようになります♪**　そして、その「機嫌」を科学して、どうしたら上機嫌になれるのかを、習慣という観点から具体的な方法を明示したのが本書です。

本書では、生活の中で使える、「自分で自分の機嫌をとる習慣」をたくさん紹介しました。**多くが、お金も時間もそれほどかからずにできる習慣です**。読者の皆さんが本書を通じて、幸せとは上機嫌のことであると気付き、自分で自分の機嫌をとることができるようになったら幸いです♪

２０２４年9月吉日
モノがない、上機嫌環境を整えたわが家の書斎から♪

上機嫌宇宙一♪　吉川充秀

第2章　上機嫌を科学する♪

第3章　習慣を科学する♪

第4章　自分で自分の機嫌をとる具体的な習慣♪

5 自分で自分の機嫌をとる「生活習慣」♪

カバーイラスト：Saran.
本文イラスト：タナカクミ

■自己紹介

「仙人」と名乗る理由♪

「どーも♪♪」ゴミ拾い仙人、そして「上機嫌仙人」の吉川充秀です♪

「まだおじいさんでもないのに仙人？」と思われた方がいるかも知れませんね♪　私が、仙人と名乗っている理由は二つあります。

一つは、会社の代表を降りて、ピラミッド型の資本主義の競争社会を横から眺めているという意味です。格好良く言えば、第三者目線で俯瞰《ふかん》しています（笑）。「仙人」の「仙」の文字は、山を左から人が観ているという絵ですね♪

もう一つは、精神性のスピリチュアル（S）と、物質世界のマテリアル（M）の両方のバランスを取りながら生きているという意味です。

精神性や上機嫌のことだけを、今までの人生で研究していたわけではありません。48歳まではバリバリの経営者として、「結果を出す」ために、売上、利益を上げるために生きてきました。24歳から48歳までの人生はスピリチュアルを大切にしながらも、マテリアル（お金・経済）に振り切り、それ以降の人生はスピリチュアルに振り切っています♪　ここで、スピリチュアル

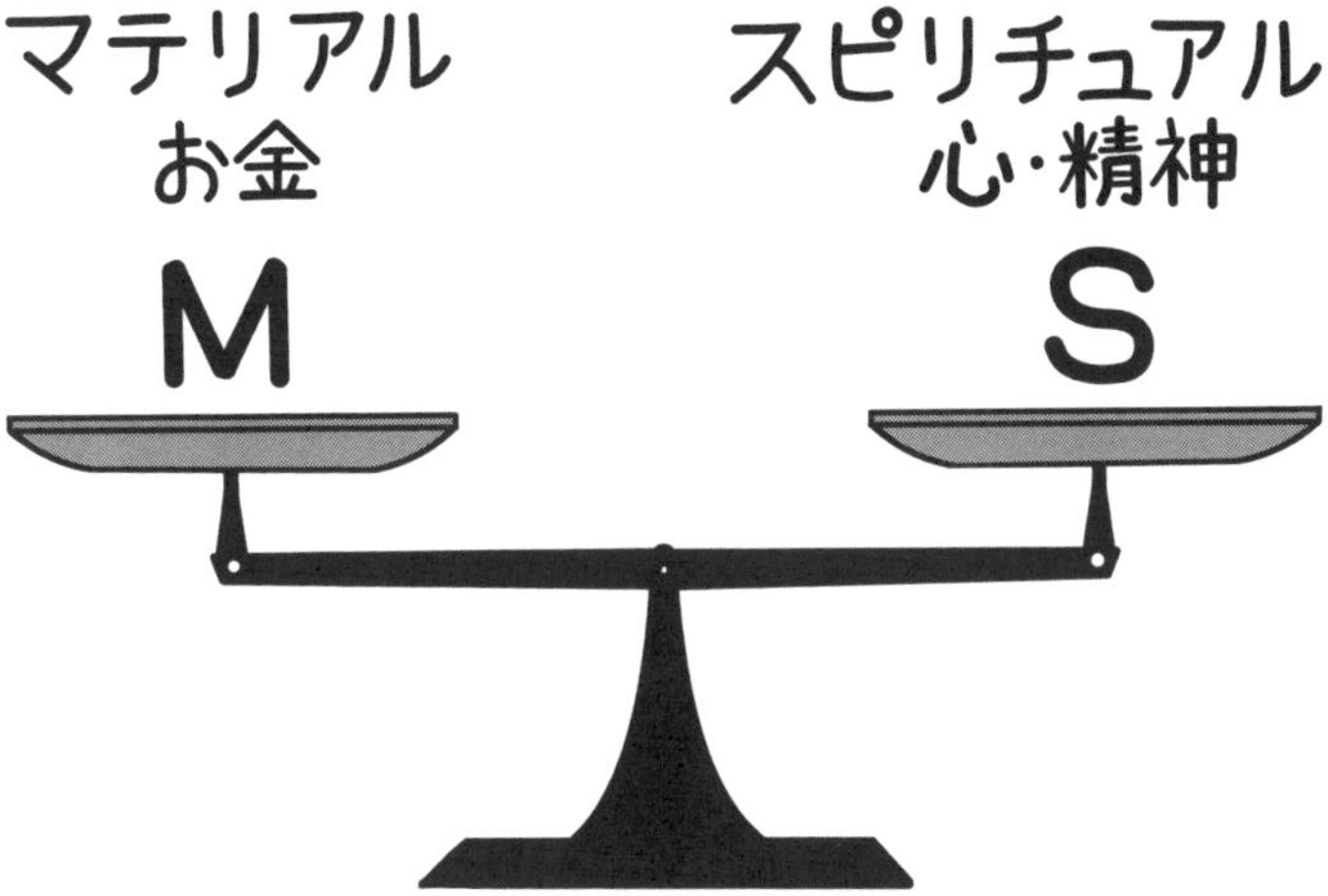

と言っているのは、神社や龍神様のことではありません。英語の直訳通り、「精神＝心の状態」を大切にする生き方のことです。本書の文脈で言えば、**上機嫌を大切にする生き方**のことだと思ってくださいね♪

さて、本書をよりご理解いただくために、上機嫌習慣の本題に入る前に、私の自己紹介と略歴に少しだけお付き合いください♪

私の持つ9つの顔

私自身は今現在、9つの顔を持っています。

まずは、年商51億円、時価総額50億円の株式会社プリマベーラという企業の創業オーナーとしての顔です。24歳で創業して、会社をコツコツ大きくしてきました。また、他に関係会社を

2社所有していて、現在は3社の企業の取締役を務めています。会社の経営陣という顔、これが二つ目の顔です。

また、作家でもあります♪　『ゴミ拾いをすると、人生に魔法がかかるかも♪』（あさ出版）を2022年に出版し、2023年には経営本『ヤバい仕組み化』（同）を、弊社の社員の松田幸之助と共著で出版しました♪　2冊目の本がよく売れたので、今回、かや書房さんから、「書籍を書いて下さい♪」という**ありがたい**依頼が来ました♪　これが三つ目の顔です♪

そして、講演家でもあります。ゴミ拾いや仕組み化経営についての講演の依頼があれば、**気が向いたときは**お受けして、面白おかしく、多少役に立つ話をさせていただいています♪　これが四つ目の顔です。

五つ目の顔が、経営コンサルタントです。中小企業が結果を出すためのノウハウを、膨大なコンテンツとしてまとめ上げ、セミナーDVDや動画にして販売する他、実際にセミナーも、**本当に気が向いたときだけ**お受けしています（笑）。2024年6月には、コスタ・セレーナという豪華客船に乗って、「洋上経営セミナー」を5日間開催しました♪　参加費120万円という高額なセミナーにも拘らず、2社3名のお客様とそのご家族が乗船して参加してくださいました♪　家族と遊ぶ時間、カジノで遊ぶ時間も取りながら、経営を学ぶという**公私混同極まりない**企画でしたが、参加した方は**きっと一生忘れられないような体験**になったと思います♪

六つ目の顔が、ブロガーです♪　ゴミ拾い仙人サイトの「上機嫌に生きるヒント」というブログを、ほぼ毎日楽しく更新しています。忙しすぎたり、書く気が起きないときには書きません（笑）。

そして七つ目の顔が、ゴミ拾い仙人です。ゴミ拾いはライフワークで、**暇さえあれば道を歩くついでに、ゴミを拾っています♪**　9年間で拾ったゴミは126万個超♪　ほぼ毎日、拾ったゴミの数をホームページ上で更新しています♪　前著のゴミ拾いの本を書いてから、**ありがたいことに**、日本全国から、「ゴミ拾い仙人とゴミ拾いしてみたい、会ってみたい」という人が多くなったので、日本全国で「ゴミュニケーション」を開催しています♪　ゴミ拾いしながら3〜4名程度の少人数で楽しくコミュニケーションをするという企画です♪　参加費は、なんと「マイナス333円」（笑）。つまり、参加したら私からお金がもらえる不思議なイベントです（笑）。先日は、74歳の女性が「冥土の土産にゴミ拾い仙人さんに会いたい」というので、一緒にゴミュニケーションをしました（笑）。

このゴミュニケーションの目的は、**上機嫌で、少しネジが外れている私と直接、接してもらって、上機嫌波動と「望む現実をつくれる」という波動を、より多くの人に感じていただきたくて**しています♪　1時間のゴミ拾い後に、カフェでモーニングを私がご馳走しながら、3時間ほど上機嫌になる生き方や、結果を出す生き方をわかりやすく、紙に書いて即興でお伝えしています♪

ゴミ拾い仙人
吉川充秀の公式サイト

これまた**ありがたいことに、**カフェで伝えている内容は、「超有料級」と参加者からお褒《ほ》めいただきます♪　いまだに誰もお金を払ってくれた人はいませんが（苦笑）。本書では、その「超有料級」のゴミュニケーションで語っている内容の中の、「上機嫌習慣」コンテンツに特化して、お伝えいたします♪

八つ目の顔が、幸せの専門家、上機嫌の専門家です。幸せの専門家はたくさんいますが、私は、幸せというよりも上機嫌を特に研究しています♪　どうしたら、**人は上機嫌に生きられるのかを、自分の生活を通して徹底して、人が異常と思うくらいに研究しています♪**　また、その一環で**習慣化オタク**でもあります。

「どんな習慣を身につければ、結果を出せるのか？」

「上機嫌になるには、どんな習慣を身につければいいのか？」

その答えを探して、読書、セミナー、講演ＤＶＤ、動画、ワークショップ、海外視察など、経営や自己啓発も含めて、累計2億円を投じてきました。**本書でお伝えする内容は、20年間で累計2億円という時間と金額を投資してきた私の現時点での「上機嫌習慣」についての最終結論です♪**

そして、最後の九つ目の顔が、「旅人」（爆）。２０２３年の4月に株式会社プリマベーラの代表を降りて退職金をいただいてから、毎週国内旅行に出かけています。毎週です♪　２０２４年からは、毎月海外旅行をしています♪　毎月です♪　こんな話をすると、「うらやましい」と多くの人から言われます。

私が大好きな映画『男はつらいよ』の台詞で、職業を訊《き》かれて、主演の寅さんがこう答えます。「旅人よ」と。するとマドンナが、「いいなあ」と心の底からうらやましがります。50年前も現代も、旅人への憧れは、変わらないようですね♪　私も寅さんをマネして、ふざけて、「職業は旅人です♪」と言っています（笑）。**旅人＝自由人の象徴ですからね♪**

海外旅行をするとツアーの年配のお兄様、お姉様から、こう言われます。「理想的な人生だ」と。ゴミ拾いのフィールドワークで、進学校の高校生と話をしても、ゴミュニケーションで一般のサラリーマンの方と話をしても、口を揃えて「うらやましい」と言います。それだけ、多くの人が**「自由でない生き方」をしている&してきた**のかもしれませんね。

私と会った人から言うと、「何の苦労もしてなさそうな」順風満帆の人生に見えますが、もともと楽観主義者でも上機嫌だったわけでも、お金持ちの家に生まれてきたわけでもありません。私も大したことのない一人の人間だというのを、等身大に誇張なく今からお伝えしたいと思います。

涙で枕を濡らした学生時代

私は群馬県太田市で、家業として喫茶店を営んでいる両親のもとに、三人兄弟のまんなかとして生まれました。二つ年下の弟は、イケメンで学業優秀、運動神経抜群。小学校時代から、同級生や下級生から、私は弟と**比較され、私の自己肯定感はズタボロ**になりました。私も、クラスでは三番目くらいに勉強ができましたが、弟は桁違いでした。小学校五年生で英検二級をとり、中学校一年で英検一級をとり、当時の史上最年少記録ホルダーでした。中学時代に高校三年間の数学をわずか半年で、全て独学で履修してしまう、漫画に出てくるような秀才。結局、現役で東大の医学部に進み、今では医者をしています。

私の両親は、弟ばかりを可愛がるような差別はしませんでしたが、子供心に「自分なんかいらない人間なんだ」と私は**勝手に被害者意識を発動**して、累計100日間くらいは涙で枕を濡らす切ない夜を、小中学校時代は送っていました（苦笑）。

それでも弟にない「商才」はあったようです。中学二年生から、実家の喫茶店で、時給300円で働きつつ、次第に高校時代から喫茶店経営に携わるようになります。その結果、営業不振の、実家の喫茶店を繁盛店にして、三人兄弟の大学の学費、仕送りは全て喫茶店の売上でまかなうことができました。

新規事業を立ち上げ経営者に

横浜の大学を卒業後、都会の空気が肌に合わず、大好きな群馬の田舎に戻り、地元のスーパーマーケットに就職します。一年半、鮮魚担当で魚を切りました。刃渡り30センチの刺身包丁で、アジのタタキを音速で作るのが当時の自慢の技でした（笑）。また、鮭の切り身を75グラムにきれいな形で切るのも得意でした（笑）。

そんな折、父親が古本屋をやりたいというので、スーパーを辞めて、時給750円で、古本チェーン本部に入社し、半年間修行します。家庭教師の副業をしながら、「こんなお店を出したら繁盛する」というシミュレーションを何度も繰り返して、24歳で開業します。古本屋にアダルトビデオ販売を組み合わせるという、当時草分けだった男性向けのセルビデオショップのビジネスモデルに出会い、創業しました。

父と祖母のありったけの貯金1600万円を原資に「利根書店」を24歳で創業。当時、月商400万円いけばドル箱と言われたお店を、開店から半年で月商1000万円の超繁盛店にします。調子に乗って年間1店舗ずつを出店し、26歳で3店舗をつくったところで、年収5000万円の給料を取る高額納税者になりました。史上最後の高額納税者の新聞による公開で、自分の名前が掲載され、人口1万4000人の新田郡尾島町（現太田市）で、二番目に多い納税額を払っていたことが判明しました。

その後、店舗を拡大し、2005年には古着事業にも参入。ダジャレ古着ストア、ドンドンダウンオンウェンズデー（毎週水曜日ドンドン値下がりする）を出店します。以降も、貴金属、ブランドショップのゴールディーズ、骨董品のリユース、整骨院と、事業領域を拡大しました。

また、セミナー、コンサルティングの事業にも参入しました。2024年9月時点で、4事業部、19業態、52店舗を運営しています。

経営の第一線からは卒業

経営者時代は、「一生涯、経営者を天職として全うするんだろうな」と、自他共に思える働き方をしていました。会社の増収増益記録を更新し、2024年8月時点で、15期連続増収増益記録を続けています。売上と利益を15年連続で増やし続けているという意味です。ちなみに上場企業3800社のうち、15期以上の連続増収増益を続けている企業は13社のみです。このように、経営者時代は、まあまあイケてる結果を出し続けることができました♪　直近の3年は、私がバトンタッチした次期社長と社員の皆さんのお手柄ですが（苦笑）。

2020年にコロナ禍が始まり、行動が制限されました。今後の人生と会社の将来を私なりに真剣に考えました。そこで**「もっとも自主的に自由に楽しく働けるのは社長というポジションだ」**ということに気づき、**社員を本当の意味で主役にする**ため、私自身が社長を降りることを考えつきます。2021年の年末に、社長を降り、経営幹部の中から新社長を任命しました。48歳で会長になり、49歳で、代表取締役を降りて、経営の第一線からは身を引きました。48歳でFIRE（経済的自立・Financial Independence　早期退職・Retire Early）したのですが、実は自分で自分をＦＩＲＥ（解雇）しました（笑）。

私は中小企業の経営者として、競争社会で、結果を出すために、**楽しくも仕事漬けの生活**を送ってきました。平日16時間、月間４００時間労働を、２００８年から14年間続けました。

「４００時間働くなんて無理、ぶっ倒れる」と思われそうですが、当の本人は楽しく働いていました♪　当時あんまり楽しそうに働いていたので、妻から「あんたは好きなことばかりしてずるい」となぜか言われることもありました（苦笑）。**「仕事はつらいものであるべき」と、まじめな人ほどインストールされている**のでしょう。それからは、わざと「時にはつらいんだ」という表情を妻に見せて、文句を言われないように工夫したほどです（笑）。

さて、会社経営では、それなりの**結果を残して自己実現できた**ので、今後は私のやりたいことをライフワークを楽しもうと思って活動しています♪

私はゴミ拾い仙人としての活動が多いので、「もっとゴミ拾いを広めたいのですね」とよく言われますが、違います（笑）。**ゴミ拾いは手段にしか過ぎません。私がしたいことは、上機嫌な人を増やすこと♪　そのために、ゴミ拾いをきっかけの一つにして、上機嫌な生きざまを、皆さんにお伝えしているわけです♪**

20年にわたって経営と同時に幸せを研究してきました♪

私が「上機嫌」について語ろうとすると、「中小企業の経営者だった人の言うことでしょ？大学の教授や専門家でもないのに……」と思われがちです。私は24歳のとき1998年に創業して3年間は馬車馬のように働きました。結婚して気が抜けて、経営に身が入らない時期もありましたが、2005年から真剣に経営を学びはじめ、そして2008年からは月間400時間働くことを自らに課し、真人間《まにんげん》の道を歩み出します（笑）。

当時から、企業経営者の通信簿は二つあると思っていました。

一つは、決算書です。売上や利益、自己資本を増やすこと。そして、もう一つは、従業員さんの幸福度です。業績を上げるために経営の勉強を猛烈にしたのと同時に、従業員さんを幸せにするために、「幸福」についても、ライフワークとして20年間研究してきました。その研究成果を2008年から毎年、年末に「人生がときめくニコニコワクワク研修」として、14年間伝え続けてきました。

この研修は、弊社の従業員さん、全国の中小企業の経営者や社員さんを対象に、延べ

1000人以上が受講しました。その結果、「あれから人生が変わった、あの研修がなければ、今の自分はない」という人が、**ありがたいことに**何人も現れました♪　いろいろな人から「あ、画面の人だ（画面であなたの講演を観ました）」とよく言われました（笑）。今で言うYouTuberの走りですね♪

2億円を経営や幸福の研究に費やして、わかったことはシンプルでした。**人生は、ものの見方、「考え方」と習慣で決まるということ**。「正しい」人生を送ろうと思えば、「正しい」ものの見方、考え方と「正しい」習慣を続ければ、「正しい」人生になります。**「上機嫌」な人生にしようとしたら、「上機嫌」なものの見方、考え方と、「上機嫌」な習慣を続ければ、「上機嫌」な人生になります♪**

私の略歴を聞いて、「結果を出してきた人だ」というのは、多少おわかりいただけたのではないかと思います。では、上機嫌の面ではどうでしょう？

「あなたは、幸せなのか？　上機嫌なのか？　幸せや上機嫌を語れるエビデンスがあるのか？」と問いただしたくなりますね。そこで、お伝えしているのが私のウェルビーイングサークルのスコアです。

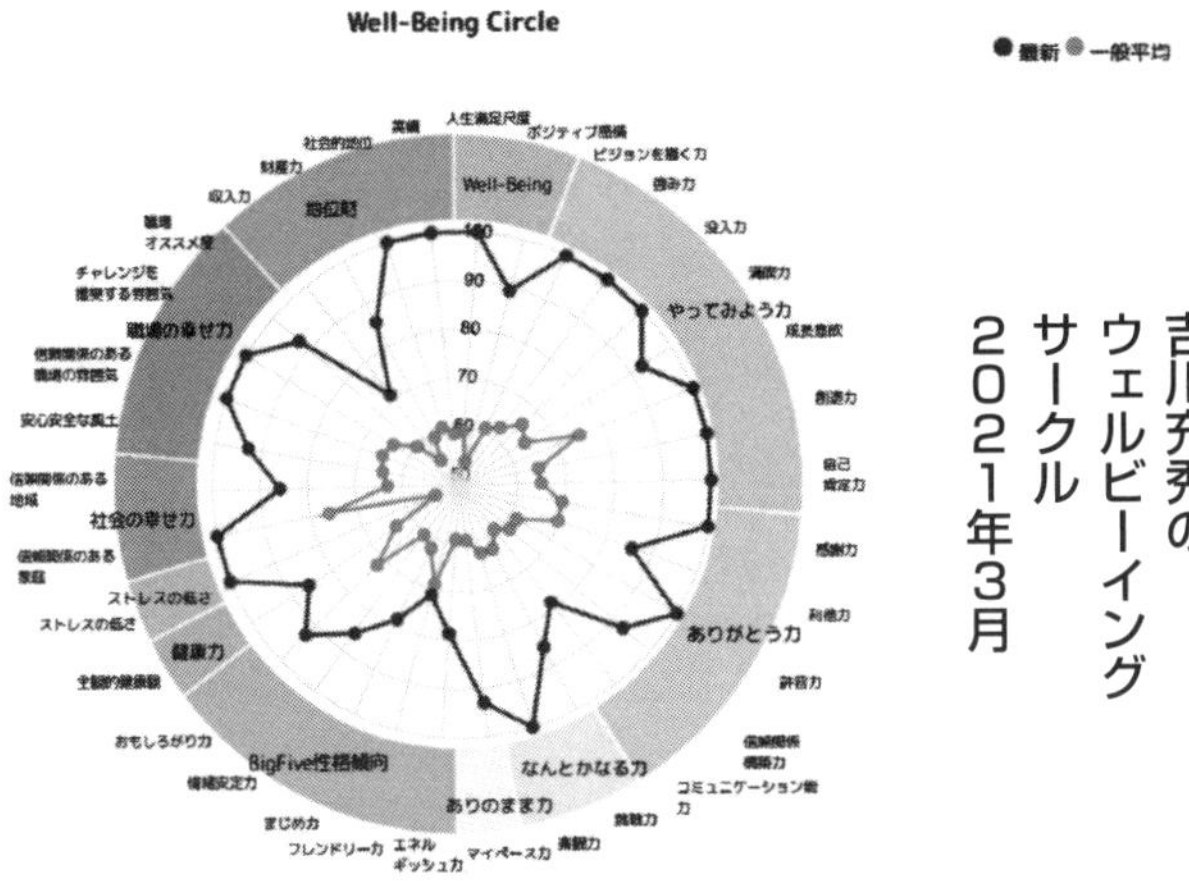

吉川充秀のウェルビーイングサークル２０２１年３月

幸福度詳細（吉川充秀）

最新: 2021年03月16日(火) 17:55　比較: 一般平均

幸せのかたち　点数表示　幸せの振り返り　履歴

	総合値	Well-Being	やってみよう力	ありがとう力	なんとかなる力	ありのまま力	BigFive性格傾向	健康力	ストレスの低さ	社会の幸せ力	職場の幸せ力	地位財	その他回答
最新	73.3	70.1	75.6	68.7	67.1	70.2	62.2	60.7	70.5	65.1	69.7	68.2	-
一般平均	50.0	50.0	50.0	50.0	50.0	50.0	50.0	50.0	50.0	50.0	50.0	50.0	-

経営者時代の私の幸福度スコア♪

２０２４年８月時点で延べ33万人が受診している幸福度を測る無料診断が、ウェルビーイングサークルです。幸福学の権威と言われる前野隆司教授が開発に携わった幸福度診断テストです。これを受診することにより、自分がどのくらい幸せなのかを、全国平均と比べて客観的に把握することができます。

まずは、２０２１年３月、バリバリの現役経営者時代に受診した結果がこちらです。幸福度の総合値は、92・3点。全国平均が63点。偏差値にすると、73・3。上位1・3％の幸福度という結果が出ました。

中小企業の経営者は、ストレスフルな仕事です（苦笑）。「会社のことが心配で夜も眠れない」――。そんな日々を送るのが常です。私が、４００時間働いていた頃のスコアですから、幸福に働いていたことがうかがえますね。

では、時計回りで一言ずつ解説をしていきます。

「やってみよう力」が高いのは、**自分はできるという自信があるから**、すぐに「やってみよう」と思えます♪

「ありがとう力」、利他や許容が高いのは、本書をお読みいただくと、きっとおわかりいただけます♪

「なんとかなる力」が高いのは、今まで「やばい」と思える体験をたくさんしてきたので、なんとかしてしまうワザをたくさん身につけてきたからです♪　多くの人は、大きな困難がやってくると目をそらします。**私は直視して、悲観的に計画して最悪の場合を想定します。最悪なシミュレーションをして、対策を講じてみたら、「なんとかなる」ことが大体わかる**（笑）。楽観的なことしか考えない人は、失敗しやすい楽観主義者です。

「なんとかなる、絶対大丈夫！」と根拠のない希望的観測では、事業はうまくいきません（苦笑）。

これは**「思考は現実化する」ということを、誤解して信じてしまっている**スピリチュアル寄りの人に多い傾向があります。**悲観的に計画して、「最悪の事態が起きても大丈夫」と腹をくくれるから、「真に楽観的」になれる。真に楽観的に行動するから、「なんとかなる」**のです♪

「ありのまま力」が高いのは、**等身大の自分でいることが上機嫌**だとわかっているからです♪　するとＳＮＳで自分を盛って見せようとすることがなくなります♪

「性格性向」が私にとっては、テスト上は難ありです（笑）。フレンドリー力が低いのは、もともとそこまで社交的ではないことが要因です。でも、**それも含めて、「そんな自分でいい♪」と本気で思っています♪**　だから、ありのまま力が高いのでしょうね♪

「ストレスの低さ」には自信があります（笑）。そして、**ストレスこそが不機嫌の最大の原因**です。全国平均でも、このストレスの点数が最も低くなっています。資本主義のピラミッド社会が、ストレスを量産していることがわかります。会社経営はストレスの連続です。そこで、このストレスを減らすために、私はたくさんのストレス軽減習慣をあみだしてきました。ストレスの原因と、その対策になる習慣を本書でお伝えします♪

「社会の幸せ力」と「職場の幸せ力」も良好です♪　ゴミ拾いや、「よい社長」を演じてきた結果です。

「地位財」が低いのは、現役社長時代に、意図して年収を低くしていたからです。会社の業績からしたら、役員報酬で年収1億円、2億円を取ろうと思えば取れたのですが、「吉川家は最後に幸せになればいい、私の給料を増やす分は、全て従業員さんに還元する」とかっこいいことを言って、当時はやせ我慢していました（笑）。その結果がスコアに現れています。しかし、**自己犠牲で、自分の幸せを後回しにした**ことで、それ以上の見返りがありました。従業員さんから絶大な信用を得て、年間離職率1％台という、離職率が極めて低い会社になり、経営が安定しました♪

私以外の現役社長の幸福度スコア

「経営者は、お金があるから、幸福度は点数が高いでしょ?」と思われるかもしれませんね。私の知り合いの社長を無作為に3人選んで受診してもらった結果をご紹介します（グラフなし）。

一人目の社長は、サービス業で、市内で圧倒的ナンバーワンのシェアを誇る40代の社長。総合値が47点！ 全国平均が63点ですから、平均以下です！ 気になった項目が、ストレスが14点、健康力も14点。もはや病んでいますね（苦笑）。ありのまま力も21点。自分らしさを経営者として出せずに、もがいている様子がうかがえます。役員報酬もそれなりの金額をもらっていて、四桁の金額のレクサスも乗っていたのに、地位財は全国平均以下でした。自分が感じているストレスに対して、報酬の対価が見合っていないと思っているのかもしれませんね。

二人目の社長は、飲食業界で伸び盛りの30代社長。92・3点とハイスコアです。私と同じ点数です。どの項目も高いのですが、ストレスは80点。経営のプレッシャーは、少なからずあるようです。許容力は70点ですが、前向きで明るい社長さんです。彼のスコアは、特に問題なさそうです♪

三人目の社長は、製造業の40代の社長さんです。彼の業界は、為替や原料高の影響をもろに受ける業界です。総合値が59点と全国平均を下回っています。ストレスが14点、ポジティブ感情が20点。一歩間違えると、うつになりそうです。成長意欲は100点なので、やる気はあります。収入や財産も全国平均を下回っています。優しい社長なので、従業員さんに遠慮して、高い報酬を取ってないのかもしれませんね。

このように、**社会的地位と経済力は幸福度に直接影響しているわけではなさそう**です。社会的地位もあるし、それなりの収入もあるけれど、ストレスで不機嫌になっている様子がうかがえます。

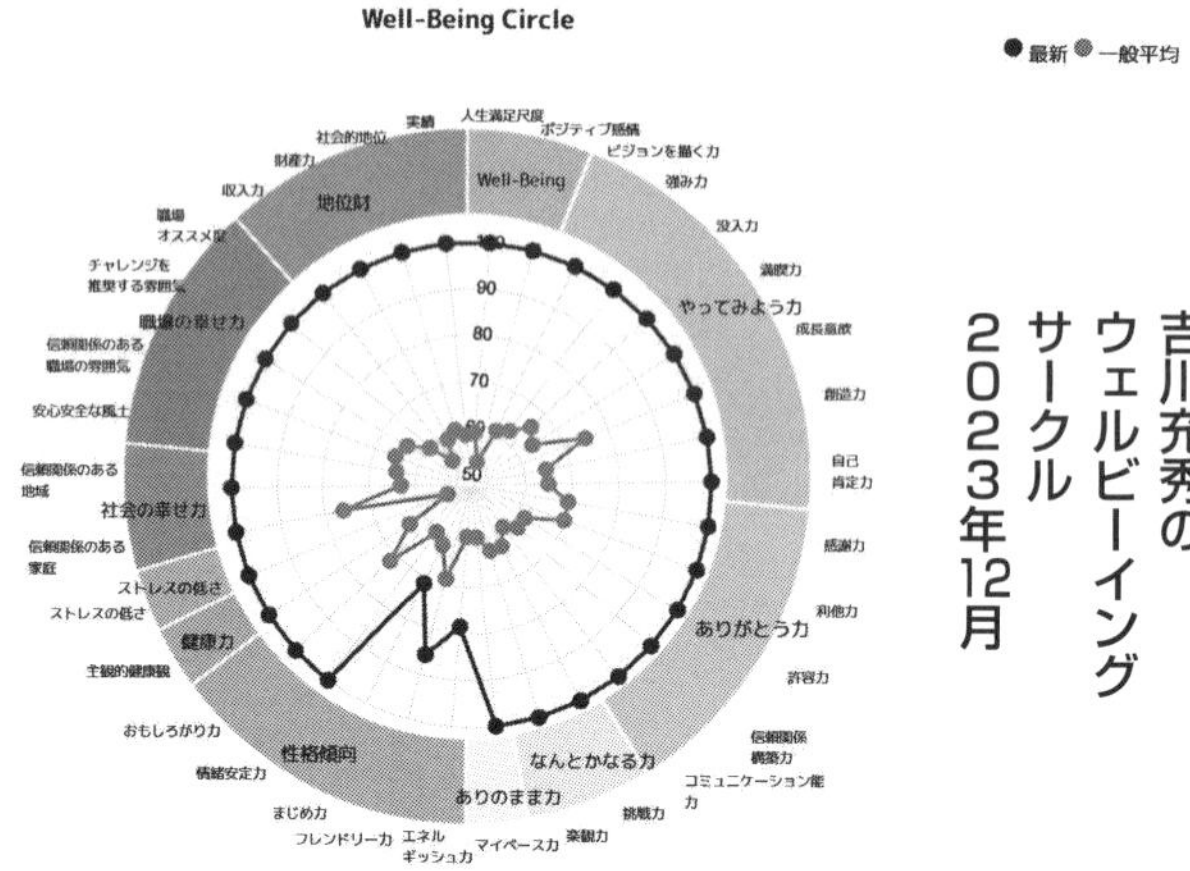

吉川充秀のウェルビーイングサークル　2023年12月

幸福度詳細（吉川充秀）

最新: ● 2023年12月29日(金) 12:15　比較: ● 一般平均

偏差値

	総合値	Well-Being	やってみよう力	ありがとう力	なんとかなる力	ありのまま力	性格傾向	健康力	ストレスの低さ	社会の幸せ力	職場の幸せ力	地位財
最新	77.9	72.8	76.4	74.6	71.2	74.5	66.4	67.6	70.5	69.7	71.9	74.4
一般平均	50.0	50.0	50.0	50.0	50.0	50.0	50.0	50.0	50.0	50.0	50.0	50.0

セミリタイア後の幸福度♪

さて、2023年5月に会社の代表を降りてセミリタイアをしたのち、「幸福度に変化があったのかな?」と、思い出したかのように私自身、再受診してみました。その結果が、このグラフです。パックマンのようなグラフになりました♪

課題だったコミュニケーション能力は、旅行やゴミュニケーションで初対面の人と会うことがグンと増えたため、磨《みが》かれました。もう一つの課題の収入面も役員退職金をいただき、収入の柱を複数持つことで安定しました♪

唯一、下がったのが「まじめ力」です。文章を読んでいただければわかりますが、私は不真

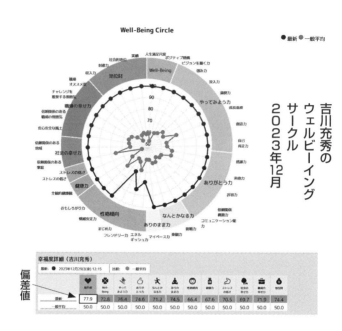

面目ですから（苦笑）。でも、**「この不真面目な自分でいいんだ♪」と自分にマルをつける自己肯定の生き方を私はしています♪**

ちなみにスコアは、総合値が、98・1点。偏差値は77・9。上位0・26％なので、400人いたら、一番か二番目に幸せという結果になりました。

吉川充秀はどんな人に見えているのか？

私の海外旅行は、20人ほどのツアーに乗っかります。ゴールデンウィークや年末年始、お盆休みは、**混むので家にいます**。空いている平日を中心に行きます。なので、ツアー参加者は60代、70代のリタイアしたお兄様やお姉様がほとんどです。すると、彼らからしたら私はちょっぴり「異形《いぎょう》」に思えるようです（笑）。派手な色のTシャツをきて、短パンで軽装。髪を明るくへナで染めているので、そのおかげで実年齢よりも若く見られることも時々あります。

高校二年生の16歳の長女を十日間、学校を休ませてスペインに行ったときには、数名の方から、本気で、

「新婚旅行ですか？」

と訊かれて、長女がぶち切れていました。

「あいつ、まじ◯す。34歳も年上のおっさんと一緒にすんじゃねーよ！」

背筋が凍りそうになったので、話を戻します（笑）。

〈あの人、背中に、**変な棒（実は、ゴミ拾いのトング）を背負って**、いつも観光地では最後尾を歩いているし……。でも、話をしてみると、**笑顔で穏やか**。そしてなんだか**余裕がある。あくせくしてない**。かと言って、**なんかユラユラ動いていて、落ち着きがあるんだかないんだか。バスは一番後ろに座る**のが定番だし、一体この男は何者？　でも、飛行機はエコノミーだしなあ（笑）。金持ちではないだろうなあ……〉

総合すると、私の初見はこんな風に思われているようです（苦笑）。

さて、ツアーがはじまると、道を歩けば私がゴミ拾いをし出します。そして、食事の際は、たまにチーズフォンデュなどを追加で注文して、先輩たちにおごっちゃいます。自分のことは、あんまり話さないで、先輩たちに、質問ばかりします。でも「毎月、海外旅行に行っている」と言うと、ビックリされます。余計に「一体何をしている人なんだろう？」となるようです。

朝食会場などで、年配の人たちが、こんな感じでウワサをしてくれるそうです（笑）。

そして、旅の中盤になると、ようやく訊かれます。

「ねえ、あなた一体何してる人？」

そこで、答えます。

「旅人です♪」（笑）。

「冗談です。実は会社のオーナーで、作家で講演家で、ゴミ拾い仙人で……」

私の9つの顔を簡単に自己紹介します（笑）。

すると、こう言われます。

「やっぱり、タダモノじゃないと思った」

「ウソつけー、飛行機がエコノミーだから、タダモノだと思ってたんじゃないかー」

と突っ込みたくなりますね（笑）。

そして、翌日の朝に、先輩のお姉様からは「ブログ読みました、クスクスクス」と笑われます（笑）。面白おかしいことをブログには書いているせいだと思われます。先輩のお兄様は「大きな会社の社長さんだったんですね」と、突然敬語になったりします（苦笑）。「ゴミ拾い　吉川」でネット検索すると、私のサイトにたどり着けちゃいますからね（笑）。


さて、ツアー中に**ゴミ拾いをひょうひょうと、黙々と**、異国の地のニュージーランド、スペインやスイスでやっていると、年配のお姉様から、

「あなたを見てると涙が出てくる。あなたの考え方、生き方が素晴らしい。お金を払って、こんな外国でゴミ拾いなんて。普通はできないよ」

と時々言われます。こんな**素適なこと**を言われて、また**私は私を誇らしく、自分の生き方に自信を持ち、自分がまたもっと好きになります♪　I love myself ♪♪♪**

・・・・・・・・・・・・・・・・・・・・・・・

さて、長々と、私の経歴や、私の自慢を話してきたことには意味があります。実は、このエピソードの中に、このあとの章でお伝えする伏線をたくさん張っておきました♪　それが太字になっています♪　現役経営者時代からですが、意味のないことを私はあまりしません。**私の行動、習慣のほとんどには、理由があります。それが、結果を出すということと、自分を上機嫌にするという目的です♪**

また、弟に比較されて自分に自信がなかった、スーパーの魚屋あがりの、時給７５０円の古本屋のアルバイトのお兄ちゃんが、26年間で、それなりの企業をつくりあげ、実績をあげ、セミリタイアして上機嫌に暮らせているのは、

1　ものの見方、考え方、習慣を変えてきたこと
2　そして、とくに上機嫌習慣を実践してきたこと

この二つを、**人が見て異常なまでにやってきた**、それが大きいと言えます。この本では、私が大好きな「ものの見方、考え方」の話は、ほどほどにして、皆さんもすぐに実践できるような「習慣」を軸にお伝えしますね♪　それでは、上機嫌ワールドへようこそ♪

第1章

自己啓発本・習慣本のワナ

1　二種類の習慣を明確に分ける

（この本のスタンス）

「吉川会長は、習慣化オタクと聞いています。会長ならではの切り口で習慣の本を書いていただきたい」

かや書房の編集者の佐藤将斉さんから、お願いされて、この本は生まれました。習慣本はたくさんあります。

「どうせ書くなら、数ある習慣の書籍とは違う視点や切り口で書きたい」

そう思って、この書籍のお話をお受けしました。

では、数ある習慣化の書籍と何が違うのか。

それをいくつかお伝えしたいと思います♪　そして、この章の内容から、人によっては「今まで気付かなかった、なるほど」という気付きを得られるかもしれません。この章を読むと、今後の読書のスタンスが変わるかもしれません♪

習慣化の書籍は大別して二種類ある

現役経営者時代、私は読書の虫でした。雑誌も含めて、1カ月平均20冊、年間240冊、15年間で約3600冊の書籍を読んできました。ジャンルは、経営、自己啓発、習慣化、宗教、スピリチュアル、古典など、さまざまです。

そして、**人生を変えるには、習慣を変えることがもっとも手っ取り早いということに、いちはやく気付き**、習慣と名の付く書籍は片っ端から読んできました。**習慣本の8割は、結果を出すための習慣本**です。そして、**残りの2割が「自分らしくありのままに生きましょう」という上機嫌系の習慣本**です。私はどちらも大好物です（笑）。

別の言葉で置き換えると、経済的成功を中心とした「なりたい自分になる」という**自己実現系の習慣本が、結果を出すための本**です。

「自分らしく、ありのままでいい」という**自己肯定系の習慣本が、上機嫌系の本**です。

この二種類は、同じ習慣の本ですが、目的が違うため、まったく別のベクトルです。何が言いたいかというと、結果を出したい人が上機嫌系の習慣本を読むと、迷子になります。逆に、上機嫌になりたい人が、結果を出す習慣の本を読んでも迷子になります。二つの習慣は、**水と油で真逆のベクトルだからです**。簡単に言うと、**結果を出すための習慣とは、我慢をすることです**。体重を5キロ減らすという結果のために、食事制限という我慢をするわけです。上機嫌になる習慣とは、真逆です。こちらは我慢しないで、軽やかに生きる習慣を身につけることですから。**この二つを一緒くたにすると、習慣化迷子になりやすい、ということが習慣本で陥りやすいワナの一つです**。

ちなみに、習慣本でよく使われる**「うまくいく」という言葉は、クセモノです（笑）**。なぜなら、結果を出すという意味でうまくいくのか、上機嫌を実感できるという意味でうまくいくのか、曖昧《あいまい》だからです。

ありがちな例としては、「お金も、人間関係も、家庭も、健康も、心もうまくいく」とうたっている本。すると、この一冊の中に、本来、水と油のはずの、自己実現系の成功習慣と、上機嫌系の幸せ習慣が、一緒くたに紹介されます。この手の曖昧な「人生がうまくいくための習慣」という書籍は、私の経験上、読後感がスッキリしない印象があります。

同じ習慣でも目的はまったく異なる

たとえば、「否定しない習慣は重要です」と本に書かれていたとします。

「人間関係が壊れるから、人を否定するのをやめなさい。あなたを応援する部下や同僚が減り、お客様が減りますよ。すると、あなたの売上が下がるでしょ」

結果を出すための本は、このようなアプローチです。

ところが、上機嫌になるための本では、

「否定をすることは、他人をジャッジすること、つまり裁くことです。裁くと自分の心がすさみ、不機嫌になりますよ。だから、否定しないことです」

このようなアプローチになります。**同じ習慣でも、最終目的が違えばアプローチが変わるということです**。

つまり、**自分の目的は、結果を出すことなのか、上機嫌になることなのかを明確に分けておく必要がある**ということですね♪

月間４００時間働けた理由

では、結果を出すための習慣と、上機嫌になるための習慣は、まったく相容《あいい》れないのかというと、そうではありません。たとえば、売上や営業成績やスポーツなどで結果を出したいと思ったら、結果を出すための習慣をとにかく続けることです。ところが、我慢してストイックに結果を出すことばかり考えると、不機嫌になる確率が高まり、ストレスで病みます。だから、**長期間、結果を出し続けるには、上機嫌であることが必要です。**

つまり、結果というパフォーマンスを長期的に出し続けるには、上機嫌であることが、キモなわけです。私が14年間、月間400時間も働けた背景には、**結果を出す習慣を続けながら、自分の心を上機嫌にする習慣も取り入れていた**ということがあるわけです。

結果を出したい人の一番の目的は、結果を出すことです。その手段として、心が折れないために、メンタルが壊れないために、上機嫌系の習慣を取り入れる。すると、長期的に、「我慢」や練習という「義務」を続けられる確率が上がるということです。

人生の最終的な目的は「上機嫌」

経営者を卒業して、フラットになったところで、ふと半生を振り返り、気付きました。結果を追い求める人生も、なかなかスリリングで楽しかった。でも、**私たちの最終目的は何なのか。それは上機嫌に生きることではないか**と。経営者の私も一緒に働く従業員さんも、**「いつかは**

ストレスなく楽しく上機嫌に、やりたいことを好きなだけできる日を夢見て」働いているのではないかということに気付きました。


私の知り合いで、人材派遣の会社を経営するペルー人の社長がいます。彼は、南米から労働者を連れて来て、日本の製造業の工場に派遣をする仕事をしています。その彼と一緒にカンボジアに旅行したときに、興味深い話を聞きました。

「ヨシカワさん、世界で一番働かない人たち、どこにいるか知ってますか？　ブラジルのアマゾンにいます。あそこに住む連中を働かせるのは、一番ムズカシイ。だって、ジャングル中に果物がなってるでしょ。果物をもいで食べて、タネをペッと吐き出すと、またすぐにニョキニョキと木が生えて、いくらでも食べ物ができるんだから。川の中をモリで突けば、ウジャウジャ魚も採れるし。食べるのにコマラナイ。だから、アマゾンの人たち、一日好きなことをしてのんびりして働かない。ナマケモノね」

この話を聞いて、ハッとしました。逆を言えば、アマゾンの人たちは、

「どうして、世界中の人は、好きでもない仕事を一生懸命やって、ストレスを溜《た》めて、大好きな家族との時間も取れずに、働いているのか？」

こんな風に疑問をもっているかも知れませんね（苦笑）。

そして、**私たちもいつかはアマゾンの彼らのように、のんびり上機嫌に家族と楽しく暮らしたくて、今はあくせく結果を出そうと働いているのかもしれませんね**（苦笑）。

2　動詞習慣ではなくて、動作習慣にする♪

習慣本を読んでスッキリしないもう一つの理由

習慣の本を読んでいて、参考になるけれど、モヤモヤすることがよくあります。その**モヤモヤは何かと言うと、具体的ではないということ**です。これを私たちの会社では、「**動詞だけど、動作になってない**」と言っています。

たとえば、業績が下がっている店舗があったとして、「対策はどうするの？」と訊くと、「頑張ります」という人がいます。これは「頑張る」という「動詞」ですが、具体的な動作になっていません。

「売れないDVDを3棚減らして、売れている玩具を3棚増設します」というように、具体的な動作にする必要があります。

もう一つ、「気持ちを切り替える習慣」について、書籍で書かれていたとします。

「このようにいつまでも、負の感情を持ち続けても何の得もありません。さっさと気持ちを切り替えましょう」

みたいに、「動詞」で終わったりします（苦笑）。これはまさに抽象的な**「動詞」で、具体的な「動作」でない習慣**ということです。これが、読後感がスッキリしない正体です。

私は結果を出してきた中小企業の経営者として、指示は具体的な「動作」で、してきました。

そうでないと、従業員さんが動けないし、結果が出ないからです。


ということで、この書籍も**曖昧な動詞は、極力なくして、具体的な動作習慣を伝える**ことにしています。

3　言い切らない♪

「イヤな気持ちを感じたときに、気持ちを切り替える魔法のような呪文があります。それが、『まいっか』です。これを皆さん、ぜひ口癖にしてみてください。」のように♪

ちなみに、この**「まいっか」も、後述する機嫌転換につながるオススメの口癖の一つです♪**

「この習慣をすればうまくいく」と言い切らない

私の処女作『ゴミ拾いをすると、人生に魔法がかかるかも♪』という書籍は、題名に「かも」が入っています。自信のなさが現れていますね（苦笑）。本を売ろうと思ったら、こんなタイトルはナンセンス中のナンセンスかもしれません（苦笑）。**書籍のタイトルはストロングワードのほうが売れます**。『ゴミ拾いをすると、なぜ成功するのか』だったら、二倍くらい売れたかもしれません。さらには、『ゴミ拾いをすると、なぜお金持ちになるのか？』というタイトルにしたら、四倍くらい売れたかもしれません。とにかく**「お金」というタイトルを入れると、売れます**（苦笑）。

群馬県の屈指の進学校の高崎女子高校の生徒から、課外授業のお願いを受けました。「ゴミのない社会をつくるにはどうしたらいいか」というテーマで、うちのヤンキー長女とは真逆の、可愛らしい女の子たちが、私に話を訊きに来ました。

カフェに行って、1時間ほど、ゴミ拾いについて語りましたが、学校の課題だから仕方なく、私にインタビューしている感じで、まったく手応えがありません（苦笑）。ところが帰り際に、こんな質問が来ました。

「どうしたら、そんなにお金持ちになれるんですか？」

本当に訊きたかったのはそっちか！　女子高生たちも、結局「ゴミ」より「お金」に食いついてくるのです（苦笑）。

さて、自信のない書籍のタイトルにしたのは、ゴミ拾いを100万個も拾ってきた人は、吉川充秀以外に見つからなかったこと、そして、ゴミ拾い後の心情の変化は、吉川充秀自身でしかわからないからです。**私一人しかエビデンスがないのに、全ての人に当てはまるようなウソはつきたくなかったからです。**出版社の社長には、いろいろとご迷惑をおかけしましたが（苦笑）。でも、中身はまあまあ自信があります♪

改めて、書籍のタイトルには注意しましょう。

「この習慣をすれば『全て』うまくいく」とか「絶対」というストロングワードが出てきたら要注意です。

注意するワード

「必ず」「絶対に」「べき」「してはいけない」「みんな」。これらのストロングワードには、特に気をつけましょう。それから、ありえない言葉が「いつも」です。この「いつも」という言葉を鵜呑《うの》みにすると、悲劇が起こります。「いつも上機嫌な人の習慣」のように使われますが、私も含めてこんな人は一人もいません。歴史上にも恐らく一人もいません。人間は感情の動物だから、気分の浮き沈みがあります。こうした強い言葉を使う場合は、本をたくさん売りたいなどの、相手をコントロールしたい意図があります。

あくまでも確率が変わるだけ♪

本書では、基本的には言い切りません（笑）。だって、万人に私の習慣を試したわけではないですから。そこで、**「この習慣をすると、上機嫌になる確率が上がります」**のようにお伝えします。**ストロングワードならぬ、ニュートラル（中立的な）ワードです♪** 確率だったら、ウソにはなりませんね（笑）。何より、私のスタンスは言行一致です。相手に何か買わせようとか、相手を自分の思い通りにコントロールするのが、苦手です。されるのも苦手です。経営者時代は**演じて**、仕方なくやっていましたが（苦笑）。

ありがたいことに、私は、習慣の書籍の印税でそれほど稼ぐ必要もありません（笑）。有名になりたいという意図もあまりありません（笑）。大谷翔平選手のように有名になったら、町でゴミ拾いなんてできませんからね（笑）。それは、私からしたら、不自由で不機嫌な人生です（苦笑）。

私には何かを押しつけたいという気持ちはありません。この本を手にとってくれた方々が、少しでも上機嫌な生き方になって、幸福度が上がればうれしい、そう思っているだけです。

成功者を一緒くたにしない

また、自己啓発系の書籍で、**「結果を出している人はみな」と、成功者を一緒くたにする本がどれほど多いことか！**「成功者はみな」って、実際に聞いて見ると二人や三人です。うちの中学生の咲蘭《さらん》さんがよく使います。

「ねえ、携帯電話の時間制限、解除して！　みんな、制限なんかされてない！」と妻に食ってかかります。ところが妻が調べると、「みんな」はクラスの29人中２人しかいなかった（笑）。

もっと過激な表現は、「一人の例外もなく」という言葉です。思い込みが激しい人が、自説を何としてでも、権威付けをしたいからついつい使ってしまうのでしょうね。自己啓発書で「成功している人はみんなそろって朝方人間です」なんてよく聞きますが、私は週に３回くらいは、

9時半に起きていますし、夜型の成功者もいます（苦笑）。

そこで、傾向と対策です！　**論調が強い書籍の著者が言っていることは、話半分で聞くことをオススメします。「全て」と言ったら「半分」（笑）。「みな」と言ったら「3人」（笑）。「絶対」と言ったら、「確率が上がるだけ」（笑）。**

また、書籍を読む人たちは、著者とは真逆で、自己表現や自己主張がどちらかというと控えめな人が多いようです。こうして、**自己主張の強いプチ教祖の著者と、自己主張控えめのプチ信者の読者という「共依存」の関係**になっていくのかもしれませんね。

ちなみに、この本のタイトルが、強めのタイトルだったら、出版社が「売りたい」という意図が加わっていると疑って下さいね（笑）。かや書房さんが、刺激的なキャッチコピーで皆さんを騙すタイトルをつけているのかも（笑）。

4　習慣を重点化する♪

〜一番効果があると思われる習慣を教えます♪〜

よく「◯◯する人の１００の習慣」みたいなタイトルの本が出ます。１００個も習慣があって、とってもお得な本のように見えます。が、**１００個の習慣のうち、一体いくつを私たちは習慣化できるでしょうか？**

経営者として私が結果を出し続けてきた秘訣の一つは、重点化が得意だったことです。売上を上げる方法が10あるとしたら、7を捨てて3を残します。しかも3のうち二つは、すぐにできる簡単なもの。そして、もう一つの、時間がかかるけれど結果が出る取り組みに最重点を置きます。

そこで、皆さんへのギフトとして、本書で紹介する数ある習慣を、私がよく使っていたマトリックスにプロットして、明示します♪　**どの習慣がもっとも効果的なのか。一つだけやるとしたら、どの習慣が一丁目一番地なのかを明示します♪**

せっかくこの本を買ったのですから、「この習慣だけは試してみて下さいね♪」という習慣を、巻末のマトリックス上でも、本文上でもはっきりお伝えいたします♪

5　吉川充秀のエビデンスをもとに伝える♪

幸せ、上機嫌、開運はエビデンスが見えない世界

結果の世界では、エビデンス（証拠）を挙げることは容易です。なぜなら、この取り組みをしたら、いくら売上が上がった、営業が取れた、スポーツで優勝したなど、客観的な結果をもとにエビデンスを伝えられるからです。

ところが、幸せとか上機嫌、はたまた開運という世界はどうでしょうか？「私はこの習慣で幸せになった」「私は断捨離をして運気が上がった」などと言うのは、**思い込みと主観の世界です。本当のところは、よくわかりません**。

この前提で考えると、

「イチロー選手は、インタビューに答えるときに、一語一語かみしめて、ゆっくり話していま す。これは、自分の言葉が、自分の機嫌をつくっていることを彼は熟知しているからです。イチロー選手の幸せの秘訣は、言葉の使い方にあったのです！」

このような文章は、エビデンスになっているでしょうか？

イチロー選手が、どうして一語一語をかみしめてゆっくり話しているかは、本人にしかわかりません。ひょっとしたら、吃音《きつおん》があるのかも知れないし、元々ゆっくり話すタイプだったの

かもしれません。また、彼が結果を出してきたアスリートであることは確かですが、彼が幸せか、上機嫌かなどは、わかりようがありません（苦笑）。何が言いたいかというと、**他人の心情も機嫌も、私たちには知り得ようがないということです。**

不確かな誰かの心情より、確かな自分の実感をエビデンスにする♪

では、幸せや上機嫌のエビデンスは何か？　もちろん、冒頭でお伝えしたウェルビーイングサークルのような幸福度診断のテストもエビデンスの一つにはなり得るでしょう。ですが、これさえ当てにならない場合があります。以前、私が著書で、ウェルビーイングサークルの結果を公表すると、知り合いの流通業の経営者が、ご自身の受診結果を私に添付して送って見せてくれました。見ると、ほぼフルマークで、私の98・1点の点数と同じ点数でした。

「ねえ、ヨシカワさん、俺ってすごい⁇」

ってしつこく訊いてくるので、「すごいですね♪」と答えました（苦笑）。

さて、この彼は、時々連絡がつかなくなります。私が思うに、感情の起伏が激しいのです。

そして、裁判をいくつも抱えている人でした。裁判をするということは、「相手は許せない、自分が正しい、勝ってギャフンと言わせてやる」と思っているということです。果たして、その彼の98・1点の幸福度診断結果は、信用できるでしょうか（笑）？「許容していない」のだから、許容の点数はマイナスになりそうですが、なぜか満点でした（苦笑）。

改めて、**幸せや上機嫌のエビデンスは、結局、自分自身の実感でしかありません**。その実感も、思い込みが激しい人は、「私は幸せで上機嫌です」と答えるでしょうし、控えめな人は、「そこまで幸せでも上機嫌でもありません」と答えるかも知れません。

そういう理由で、「この本の上機嫌のエビデンスは、何ですか？」と訊かれたら、「私です」とお伝えします（笑）。**私の実感なら、自信を持ってお話できるからです**。不確かな、私以外の誰かの逸話よりも、確かである私や、私に近い家族の話をしたほうがより正確だと思って、本書では自分自身をエビデンスにする論調で誇張なくお伝えしますね♪

6　偉人の話を真に受けない

（結果を出した人が必ずしも上機嫌だったとは限らない）

私が、この章でもっともお伝えしたいことを一つ挙げるとしたら、これです。**偉い人、歴史上の人物、彼らの言っていたことを、とにかく真に受けないことです**。一般的な自己啓発書、習慣の書籍と真逆のことをあえてお伝えします♪

結果を出したい人は、結果を出してきた人の言うことをぜひ聞いて下さい。ビジネスで結果を出してきた人、芸能界やスポーツで結果を出してきた人などたくさんいます。ここまでは、一般論と同じです。

ただし、**上機嫌になりたい人は、偉人の言うことや名言、戒めなどは基本的に疑いましょう（笑）**。

パナソニック創業者の松下幸之助《まつしたこうのすけ》さん、京セラ創業者の稲盛和夫《いなもりかずお》さん。このお二人は、ビジネスでたいへんな結果を残してきました。私も大尊敬しています。結果を出したい人は、たかだか50億円程度の会社しかつくっていない吉川充秀の話よりも、彼らの話を聞いたほうが、結果が出る確率が上がるかもしれません。なにせ、ウン兆円企業をつくった人たちですから。

松下幸之助さん、稲盛和夫さんは、書籍もたくさん出版されています。ビジネスの書籍だけでなく、生き方の書籍も出されています。大ベストセラーです。

では、ここで質問です。松下幸之助さん、稲盛和夫さんは、幸せで上機嫌だったのでしょうか？

経営で結果を出したということと、上機嫌だったということは、まったく別物です。

すると、時々こう言われます。

「自叙伝を読むと、松下さんも稲盛さんも、幸せな人生だったと、自分で言っています。だから、幸せだったんじゃないですか?」と。

建前の文書はウソをつく

ここに「本音」と「建前」が絡んできます。私は、小学校6年生のときに卒業文集を書きました。小学校が、大大大嫌いでした。弟とさんざん比較されて、自己肯定感がズタボロになった場所が小学校です。成績が下がろうものなら、もっとバカにされるから、国語・算数・理科・社会の4教科だけは何がなんでも5段階評価で5を取らないといけないというプレッシャーの中、生きていました。サッカーと給食の時間は楽しかったけれど、授業中にウン◯を我慢するのが苦痛で苦痛で、超絶不機嫌(苦笑)。子供心に校舎が燃えてくれないかと何度願ったかわかりません(笑)。

さて、その私が文集に、なんて書いたかというと、

「小学校の楽しい6年間はみなよい思い出です」

ウソ中のウソ中のウソが書いてあります。そして、私と同じように、学校が嫌いだったはずの友達の文集にも、「楽しかった」と書いてあります（苦笑）。**自叙伝や、伝記、本書を含めた書籍などの公式文書は、建前で出来上がっているのです！**

本音が知りたいなら、当人が本心で書いた、誰にも見せなかった日記の中を見ることです。日記がなければ、その当時、長く一緒にいた人から、「どんな感じでしたか？」と訊くのが、真実に近い。

死後、なおベストセラーを続けている作家さんがいます。私は生前の彼に会ったことがありません。彼の著書を見ると、楽しくて愉快で軽やかでおおらかな人だったのだろうなあと、うかがえる人柄が想像できます。

先日、生前の彼をよく知る女性と話をする機会がありました。

「Aさんはどんな人でしたか？」

「とっても神経質な人でした」

「神経質」ということは、小さなことにイライラする人です。彼は上機嫌の大切さを著作で説いていました。ですが、当のご本人は、どちらかというと不機嫌だったというオチです（苦笑）。

皆が想像する偉人とは何か？

偉人とは、「歴史に名を残す功績を上げた立派な人たち」だと言われます。

私が波動という観点から翻訳すると、「偉人とは、歴史に名を残してきた、波動が重たい（不機嫌寄りな）人たち」です。立派な人とはどんな人でしょうか。ずばり、「してはいけない」ことがたくさんあって、それを「表向きは」しなかった人たちです。「人間としてこれをすべきではない」、「人格者はこんなことはしてはいけない」、そういう**制限的観念をコレクションのようにたくさん持っていて、それを守っていたであろうから、「立派だ」と言われて、歴史に名を残せます**。

さらに、傾向として、偉人が亡くなると美化がはじまります。死者は美化され、場合によっては神格化されていきます。

すると、歴史上の偉人の言った言葉は、神のように扱われ、それを私たちのような著者が受け売りで、自分の都合のいいように使い始めます（笑）。「アリストテレスがそう言っているなら、それは真実だ」、「あの孔子が言っている」、「中村天風氏もこう言っています」、「ブッダは……」。こんな偉人の引用のオンパレードが自己啓発本に、はびこっています。

その**偉人の彼らが上機嫌で幸せだったかは誰にもわかりません。逆に、不機嫌だった確率が高い偉人の名言を、私たちが信じて座右の銘にすることは、自分の不機嫌確率を上げることになります**。偉人の言葉は、どちらかと言うと「してはいけない」戒め系が多いように思われます。**自由度を狭めて、我慢をすれば、波動が重たくなり、不機嫌確率は上がります（苦笑）**。

私がページをめくれなかった雑誌に書いてあったこと

私には大好きだけれど、ちょっと苦手な雑誌があります。日本中の各界のリーダーが賞賛する雑誌です。私も長年購読していました。

普通は大好きな雑誌がきたら、楽しみですぐに開きますね。週刊少年ジャンプで『鬼滅の刃』を読んでいたときは、家族で奪い合いでした（笑）。ところが、この雑誌だけは、1ページ目をあけるのが重たい。あとでわかったのは、**とっても波動が重たい雑誌だということです**。簡単に言うと、偉人の話がたくさん出てきて、してはいけない戒めの言葉がズラリと並ぶイメージです（苦笑）。重たいですねー（笑）。

この雑誌に、有名なボクシング世界チャンピオンの話が出てきます。日本人ならほとんどの人が知っているチャンピオンの、ロングインタビューです。いわゆる、ボクシング界というピラミッドの競争社会で自己実現した極致の人です。

インタビューのテーマは、「艱難辛苦《かんなんしんく》を乗り越える」です。実に重たいテーマだと思いませんか？　10ページあるロングインタビューで、私が一番知りたかったことが2行だけ書いてありました（笑）。

「**私はプロになってから10年間、一度も楽しいと感じたことがなかった**」

つまりは、10年間不機嫌きわまりない人生を送っていたということです。

ごめんなさい、私ならこの人生はまっぴらごめんです（笑）。ところが、政財界・スポーツのリーダーたちは、こぞってこの生き方を賞賛するのです……。**不機嫌だけれど結果を求めて我慢をして達成する人生こそ、最高の人生だと褒め称えます。この人生観が、各界のトップリーダーにある限り、私たちの生き方は苦しい人生を目指すことになり、上機嫌から遠い人生になっていくことがおわかりいただけるでしょうか？**

改めて、**上機嫌になりたいなら、上機嫌な人をマネしましょう♪**　ところが、ここに時代を脈々と引き継ぐ大問題があります。売れる本は、ピラミッド社会の頂点に立った人が書くという事実です。ちんけな結果しか出してない吉川充秀よりも、オリンピックの金メダリストや、世界チャンピオン、芸能界でトップに立った人、世界や日本を代表する経営者や政治家の話を多くの人は信じます。

彼らの論調は大抵こうです。「幸せになるには努力しないとなれない」。そして、「自己実現こそが幸せだ」。

美化、神格化されて一人歩きする偉人の言葉には注意

彼らがマジョリティである限り、幸せ＝上機嫌な人は増えません。外国人で言えば、スティーブ・ジョブズやアインシュタインも神格化されていき、彼らの言葉は神の言葉のように一人歩きしていきます。

でも、もし彼らが幸福度診断のウェルビーイングサークルテストをしたらどうでしょう？　高いかもしれないし、偏差値50くらいかもしれませんね。マザーテレサも偉人の一人ですが、上機嫌だったかは誰にもわかりません。**私たちが勝手に神格化して、「幸せだったに違いない」と思っているだけです。**

不機嫌だった可能性が高い偉人が語る「人生とは」を真に受けて座右の銘にすると、不機嫌

な人生を送る可能性が高くなります。

この章で一番語りたいことは、このことかもしれません。私はこのことに気付いた瞬間、目から鱗《うろこ》が落ちたように、書籍の読み方が変わりました（笑）。だって、私のありたい姿は「上機嫌」です。上機嫌ではなさそうな人の言うことは、これ以降、全てスルーです（笑）。**オススメは歴史上の人物よりも、存命中の上機嫌な人の言葉を拾うこと♪** 存命中の人なら、本物かどうかは近くに行って、会えばわかりますから♪

派手な世界にいる人の上機嫌確率はあまり高くないかも？

さらに、興味深いのは、**実はもっとも上機嫌な人は、そもそも市井《しせい》に隠れているということです。**YouTube の登録者数が何百万人、インスタのフォロワーが何十万人、テレビにも何度も出ている「時の人」が幸せで上機嫌に見えるかもしれませんが、私は可能性は高くないと思います。**YouTube、Instagram、テレビなどに露出すればするほど、アンチも増えて、不機嫌確率が高まります**（笑）。だから、**本当に上機嫌に生きている人は、ひっそりと人が知らないところでしっかり稼いで、不機嫌になる表舞台から遠く離れて暮らしているような人と思ったほうがいいと思います。私も書籍など書かずに、ゴミ拾い仙人として活動しなければ、**

その部類の一人になっていたと思います（笑）。

ありがたいことに、「ゴミュニケーション」で出会った人のなかには、勝手に私を師匠と呼んで、私の書いたブログをキャッチアップしてくれる人がいます。実際に数時間会っただけですが、「吉川さんは、上機嫌な人だ」と認めてくれたからかもしれませんね♪　ちなみに、ゴミュニケーションでは、私のよく知る偉人や有名人のオモテとウラの話をよくします。それは彼らをディスっているのではなくて、**偉人や有名人もまた同じ人間であり、私たちは自分を卑下《ひげ》して自己肯定感を低くする必要はないことを伝えているわけです。**

私も現代の偉人とか、有名人、変人に会うのが趣味です。はっきり言います、何かに秀でていること以外は普通の人ですから（笑）。私も含めて！

さらに言えば、軽やかな上機嫌な人生を歩んでいる私のような人は偉人にはなれません（笑）。一見、自分を犠牲にしているように見える、スーパーボランティアと呼ばれる尾畑春夫《おばたはるお》さんのような人が偉人認定されます。ずばり、**自己犠牲を伴う美談があるほど偉人認定されます。**尾畑さんは違うかもしれませんが、**一般的に犠牲という重たいエネルギーを出せる人、我慢してきた人が、偉人認定確率が上がります。**私は偉人を否定しているわけではありません。視点を変えてみてください、とお伝えしています♪

ちなみに、私はジョブスも好き、松下幸之助さんも好き。先ほど、名前を挙げた偉人の皆さんが大好きです♪　うちの社員の名前をビジネスネームで、「松田幸之助《まつだこうのすけ》」と命名したくらいですから（笑）。

第2章

上機嫌を科学する♪

1 「上機嫌」の正体とは？

上機嫌とは何か？

前章では、同じ習慣でも結果を出すことなのか、上機嫌になることなのかを、分ける必要があることのお話をしました。では、そもそも上機嫌とは何なのでしょうか？

ネットの辞書で、上機嫌とは何かを調べてみます。すると、「機嫌がいいさま」と書いてあります。よくわからない定義ですね（苦笑）。そこで「上機嫌の専門家」の私が、上機嫌に近しいワードを集めてみました。

「ご機嫌」「気分がいい」「心地良い」「軽やか」「幸せ」、これらのワードはほぼほぼイコールで「上機嫌」です。ところが、これだけだとまだしっくりきません。というのは、私が言う上機嫌は「ニコニコと気分がいいさま」だけではありません。**中立的（ニュートラル）でフラットな状態、これもまた上機嫌だと捉えています**。

そんなときに、私の大好きなスポーツドクターの辻秀一《つじしゅういち》さんの素適な定義に出会いました。

上機嫌とは「何かに揺らされたり、囚《とら》われたりしていないこと」。

これこそ「我が意を得たり！」という定義です♪

ですから、上機嫌とは「鼻歌を歌ってルンルン♪」のようなポジティブな状態だけでなく、何も囚われてないニュートラルな状態も含めて上機嫌だと、この書では定義します♪
逆に言うと、**「不機嫌」とは、「何かに心が揺らされ、何かに囚われている状態」のこと**です。例えば、焦っている状態は不機嫌にまさしく当たります。「時間に追われて、心が揺らされて、時間に囚われている状態」ですから。怒りも劣等感も、不機嫌にあたります。

上機嫌になるには？

何かに揺らされ囚われているということは、執着がある状態だと思ってください。つまりは、**執着を減らしさえすれば、不機嫌になる確率が激減します！**　そして、「不機嫌以外の状態」が上機嫌ですから、上機嫌確率が自ずと上がることになります♪　つまり、**何かに執着したら、手放していく**。これを繰り返すことが必要になってきます♪

経営者時代の私のミッションは、「去年よりも、会社の売上と利益を上げること」でした。一年のはじめに、売上目標と利益目標を立てます。そして、この数字に向けて一年間邁進《まいしん》します。もし、数字のことが片時もアタマを離れない、となると、それは執着になります。数字というプレッシャーを感じながら、仕事をすれば不機嫌確率が上がります。

先述の通り、私は経営者時代も月に400時間働いていながら、楽しそうに仕事をしていました。その理由は、**「去年よりも売上、利益を増やすぞ」と一度強く思ったら、一旦数値目標を忘れるからです**。一カ月間、数字を忘れて働きます。そして、一カ月後に途中経過が出ます。それを見て、数字と照らし合わせて、軌道修正をします。同時に、数字目標を改めて一瞬だけ強く意識して、また一カ月間数字を忘れて、自分ができることに集中します♪

歌で言うと、「結んで開いて」状態です（笑）。一度強く手でぎゅっと結びます。そうしたら、すぐに放し、手のひらを広げて、手を自由にします。そしてその自由な手で、自分が出来うることを全てやる、というイメージでしょうか。そして、また一カ月後に、瞬間的に結び、また放す。これの繰り返しです♪　かっこよく言えば、**数字にはコミットするけれど、数字に執着しない、囚われない**。そんな仕事ぶりをしていたから、人が見て、さも楽しそうにノンストレスで働いていたように思われたのかもしれません♪

放てば満てる

かつて、投資に失敗して、6億円の損失を出したことがあります（苦笑）。この時ばかりは、さすがの私もへこみました（苦笑）。つまりは、不機嫌に心が振れました。そんな悩みを人に打ち明けたら、大好きな経営者から素適な御手紙をいただきました。この方は超有名作家さんのメンターの、メンターのような人です。

「放てば満《み》てる」

手放せば、入ってきますよ、ということです♪　素適な言葉ですね♪　返ってこない６億円に囚われていても仕方がない。それはさっさとあきらめて、自分の心を手の平を開くかのように自由にしなさい。そして、その手でまた損失を出した分を稼げばいい、という意味で送ってくださったようです。当時の私としては、実にありがたい言葉でした♪

ゴミ拾いも同じです。たくさん買い物をして両手一杯に荷物を抱えたとします。すると、ゴミ拾いのトングも持てないし、ゴミ袋も持てない。だから、ゴミ拾いができません。ところが、両手からその荷物を手放したらどうでしょう？　ゴミ拾いだろうが、自由に何でもできますね♪　困っている人がいたら、助けることもできます♪

両の手に何かを握りしめながら生きると、自由が効きません。手放さない人生は、不自由な人生になりがちです。すると、上機嫌確率が下がります。

上機嫌とは「軽やか」のことだとも言いました。**軽やかとは自分の荷物を軽くすることでも**

ある、と考えるとわかりやすいかもしれませんね♪　それは物理的なものだけでなく、心の中にある執着も含めて。

上機嫌とは過去にも未来にも時間にも囚われないこと♪

上機嫌とは、何かに囚われてないさまだとお伝えしました。そう考えると、過去に囚われていると上機嫌とは言えない。未来に囚われていても上機嫌とは言えない。時間に囚われていても上機嫌とは言えない。ということになります。でも、仕事には期限があり、その期限までに完了させなければなりません。普通に仕事をすると、不機嫌に心が振れていきます。

そこで、仕事の期限などを、タイムアタックだと考えてゲームにしたらどうでしょう？　期限があるから、締め切り効果が働く。だったらこれを上手に使って、作品を完成させようと、うまく利用するわけです。**最初は、期限のことが頭の中にあるけれど、いつの間にか夢中になり、期限のことが頭の中から消えていきます**。すると不機嫌から、不機嫌でない世界、つまりは上機嫌の世界に入れます♪　いわゆるゾーンの世界です♪　私の書籍の執筆も、まさにこれを使って、ちょっとハラハラするゲームのように捉えて遊んでいます（笑）。

「囚われ」も「楽しみ」に変えると、上機嫌になれますね♪

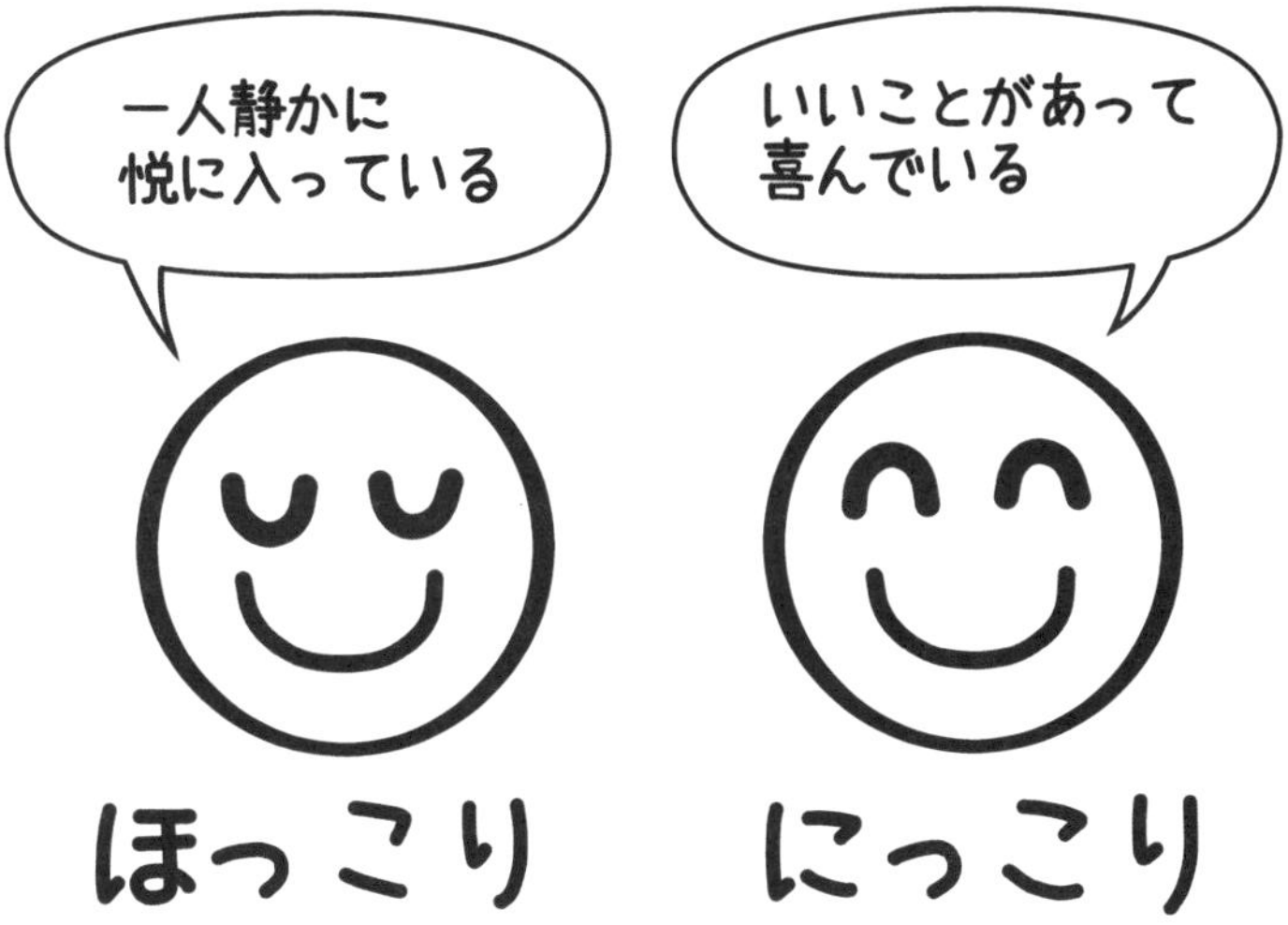

「ニッコリ」と「ほっこり」は違う♪

また、上機嫌の別の言い方も紹介しましょう。上機嫌とは、悦《えつ》ることである。田中克成《たなかかつなり》さんの『自分を喜ばせる習慣』（すばる舎）に「悦る」という表現があり、これもまた絶妙な表現だなと感じました♪

私がよくゴミュニケーションで話すことの一つに、「ニッコリ」と「ほっこり」の違いがあります。簡単に言うと、「ニッコリ」とは、何かいいことがあって「喜んでいる状態」だと思ってください。**「ほっこり」とは、特に何かいいことがあったわけでもなく、自分の内側から満たされている状態だと思ってください♪** そして、**この状態が「悦っている」状態、「ご満悦」**

な状態です♪　一人悦ぶというニュアンスです♪

「喜ぶ」という文字には、「吉」が入っています。私からしたら、何かいいこと（吉）があったから、うれしい、ニッコリ喜んでいる、こんなニュアンスです。

一方、「悦る」とは、どちらかというとむっつり、一人静かに、悦に入っている、って感じです。むっつり笑顔ですね（笑）。私はこれを「ほっこり」と呼んでいます♪

自分を上機嫌にするには？

自分を上機嫌にする方法はとってもシンプルです。**基本スタンスは、自分にとって、心地良くないことをしない。心地良いこと、しっくりくることをすると上機嫌確率が高まります♪理性で選ぶよりも、感性を重視することです♪**　例えば、スターバックスコーヒー。

スタバに行くと、受験勉強、資格の勉強、パソコン仕事をしている人がたくさんいます。自分の感性を研ぎ澄ますと、場から「頑張るエネルギー」が出ています。昔は、私も仕事を頑張っていたので、この空気感が好きでした♪　この「頑張るエネルギー」に共振して、自分もリズムよく仕事がはかどりました。何の違和感もなかったのです。

ところが、セミリタイアしてから、スタバの雰囲気に、ちょっと息苦しさを感じるようになりました。自分にとって、あまり心地良くないのです。セミリタイアしてから、あくせく働くことは減りました。だから、「ゆったり、まったり過ごしたい」のです♪　なのに、「頑張るエネルギー」が充満している。肌に合わないので、スタバで過ごすことが減りました（笑）。

これが、**自分にとって心地良くないことをしない、ということ**です（笑）。そう言いつつ、この原稿を長野県の長野駅前のスタバで書いています（笑）。原稿を書くなどの、締め切りがある場合は、ある意味「頑張るモード」に入らないといけません。すると、スタバに流れる空気感とかみ合うので、違和感なく、溶け込んでパソコンを打って執筆が進むわけです♪　「スタバに行けば電源も借りられるし、長居できるから」と**アタマで判断する前に、感性で、その日の気分に合わせて、場所を選ぶと、上機嫌確率が高まります♪**

2　具体的に上機嫌になるには？
（3Gを減らし、LTEを増やす♪）

では、具体的に上機嫌になるにはどうしたらいいでしょうか？　とってもシンプルです。私が超有料級とたまに言われるゴミュニケーションで、たくさんの人にほぼ毎回お伝えしていることです。**上機嫌になるには、とにかく三つのG、我慢、犠牲、義務を減らす**。この日本語のアルファベットの頭文字を取って、**3G（スリージー）**と呼んでいます。

その代わりに、**LTEを増やすこと。LTEとは、リバティー（LIBERTY、自由）、サンクス（THANKS、感謝）、エンジョイ（ENJOY、楽しむ）の頭文字です。これを、日々の生活、日々の仕事で行えば、上機嫌確率は必ず上がります♪ 控えめな私が保証します♪ 必ずです（笑）**。

3Gとは？

3Gとは、ずばりストレスを自分に与える生き方です。ストレスとは、日本語訳をすると、緊張です。**緊張を自分に強《し》いる生き方**です。では、自分にストレスを与えるのは、よくないのでしょうか？ ストレスも、上手に付き合えばいいですね♪

たとえば、**結果を出したい人が習慣化をする場合には、この3G（我慢、犠牲、義務）を基本的に使います**。ダイエットを例にすると、ずばり我慢です。食べたいのを我慢する。そして、運動を義務化し、食事の楽しみを犠牲にします。三つのGを使って、目標達成を目指します。

ですから、**目標を達成するには、極めて有効なプロセスでもあります。**

ここで、根本的なことを一つ言います。**結果を出す目標とは、そもそもが不自然です。**本来、体重はありのままでよいのではないでしょうか？　仕事も本来は、私たちが**必要な分だけ、**お金が手に入れば、それで充分なのではないでしょうか？　ダイエットも、高い売上目標や利益目標も、本質的には、**「必要以上に」欲をかくから、その分の代償が必要になります**（笑）。**それが、我慢、犠牲、義務の生き方です。**ダイエットだって、自分の生理を無視して、「自分を可愛く、またはかっこよく見せたい」などの、**エゴが求める理想の体重を目指すのですから、不自然です。**

ピラミッド社会の競争社会を離れて、仙人として横から見ていると、いろいろなことが見えてきます（笑）。では、**なぜ高い目標を設定せざるを得ないのか。それは、私たちがほとんど無意識に、何かしらの競争に参戦しているからです。その競争で勝ち上がるために、こうやって高い目標を掲げて、我慢、犠牲、義務を駆使して頑張るわけです（苦笑）。ある意味、自分のカラダの生理や自分のハートを無視して達成させるイメージです。**

LTEとは？

一方、LTE（自由、感謝、楽しむ）とは、どんな生き方でしょうか？　**ストレスとは反対のリラックスの生き方です。自分を緩める生き方です。緊張を緩和させるイメージです。**どちらかというと、**ノンストレスを志向する生き方です。**

3G（我慢、犠牲、義務）と対比して考えてみましょう。義務の反対は？　自由ですね♪　我慢の反対は？　自由とか、「楽しむ」ですね♪　犠牲の反対は？　これもある意味、自由かもしれません♪　**LTEは、3Gとまったく真逆の生き方だと言えます。**

学校生活の自由時間って、なんとも言えない解放的な時間だったのではないでしょうか？　それは、授業を聞く我慢と義務から解放されるからです♪　そして、与えられたこのわずかな自由時間を使って、鬼ごっこやお絵かきなど、自分を楽しませることをしていたのではないでしょうか？

また、LTEのTの感謝をしている間、どんな感情になるでしょうか？　たとえば、連泊したホテルに戻ってきてみたら、お部屋がキレイに掃除されていて、コーヒーをこぼしてしまったベッドのシーツも取り替えられている。清掃員さんに思わず感謝して、温かい気持ちになり

ますね♪　**感謝をしている瞬間は、上機嫌です♪**

3GとLTEの生き方♪

ところが、面白いことに、同じ行動でも、同じ習慣でも、３G的にしている人と、ＬＴＥ的にしている人がいます。**３ＧもＬＴＥも、実は単なるものの見方、考え方なのです。**

たとえば、ゴミ拾い習慣で見てみましょう。

「吉川充秀さんのYouTubeの講演を見て、ゴミ拾いはお金持ちになる手段だと思った。だから、小さなことからできる自分になる。それが人に対する心配りにもつながり、結果的に信用も得られる。だから、**(イヤだけど、好きじゃないけど) ゴミ拾いをやろう**」という人の場合は、**我慢して、義務で、しかも自己犠牲でゴミ拾いをしている**ことがわかります。この習慣は3G習慣になります。**いつか得られる果実（お金持ちになる）のために、イヤイヤゴミ拾いをしている**構図です。

また、こんな人もいます。「町を歩いていると、ポイ捨てのゴミが目立つ。これは、国民の心の映し鏡だ。自分がやらずに誰がやる？　だから、『けしからん、けしからん』と思いながら、私は拾っている」。このような考えは、**いわゆる「立派な人」が多い**ようです。これも3Gです。

責任感、義務感からやっていますから。心は当然、不機嫌に振れていきます。

３４６ページある私のゴミ拾いの著書は、要約すると、「**どうせゴミ拾いをするなら、LTEでやってみませんか？　すると、上機嫌の魔法がかかる確率が高まりますよ♪**」ということをお伝えしています。

私が、なぜゴミ拾いをするのか。そこにゴミがあるから、気になるから、拾います。そして、ゴミ拾いすると気持ちがいいから♪　「今日は３３３個も拾えた♪」と思うと、達成感もある♪　そして何より、そんな自分が誇らしくなる♪　だから、**楽しいから自分の好きでやっています♪　これがLTE（自由、感謝、楽しむ）の生き方です♪**　あくまでも、**自分の自由意思で、楽しいから拾う**。そして、疲れて飽きてきたら、やめる。我慢すると不機嫌になるからです。そして、こんな気持ちでゴミ拾いをしていると、時々こんな感覚になります。

「誰かが落としてくれたから、ゴミが拾えて、私の気分がよくなるのね♪　ポイ捨てしてくれた人、ありがと♪」

落としてくれた人にも感謝できるから不思議です♪

どうでしょう？　「ザ・LTE的人生」だと思いませんか？　３GとLTEではどちらが上機嫌でしょうか？　**LTEの割合が増えると、上機嫌確率が高まります♪　我慢系の3Gの割**

合が増えると、不機嫌確率が高まります。

前章で、「不機嫌だったであろう偉人の人生訓は、真に受けないほうがいい」とお伝えしました。３Ｇを使えば、こう説明できます。

「我慢、犠牲、義務」で何かを成し遂げると、「尊い」と呼ばれるようになります。「どんなに辛くても30年間我慢して、雨が降ろうと、休みの日だろうが、義務感で成し遂げた。自分の家族もいるのに、そっちのけで（犠牲）」。３Ｇが行き過ぎると美談になり、美化され神格化され、英雄になります。そして、その生き方こそが、尊いのだと、ピラミッド社会の上の人たちがはやしたてます。教育者、政治家、経営者、スポーツ選手……。褒賞《ほうしょう》を得た人とは、多くが「長い間、たいへんな思いをして、社会的に善と言われる行為をやってきた人」ではないでしょうか。

３Ｇが善で、ＬＴＥが悪のように私たちは刷り込まれてしまっています。多くの人が、このミスリードに気付き、自分の生活から少しずつ３Ｇを手放し、ＬＴＥを増やすと、上機嫌確率は確実に高まります♪　確実にです♪

３ＧとＬＴＥの生き方の違い♪

３Ｇの生き方は、ありたい姿を達成するために我慢して、義務を自分に課して、時には何かを犠牲にして、頑張る世界です。結果にフォーカスした生き方です。「今日は頑張ってゴミを３００個拾うぞ！」の世界です。３００個拾うことが目標ですから、飽きようが、疲れようが、雨が降ってこようが、３００個を拾うのです。**努力、根性、「自分に打ち克つ」世界です。**

ＬＴＥの生き方は、文字通り、楽しむ世界です。**過程（プロセス）を楽しむ、味わうことにフォーカスした世界です。**

ゴミ拾いをしていると、おお、ナンだ、このゴミは？　なぜに、こんなところに生理用のナプキンが落ちている……？　道ばたの人に話しかけられたら、ついつい話し込んでしまって15分もおしゃべりしちゃった……。ゴミ拾いの途中で、キンモクセイがあんまりいい匂いだから、ついつい思っていた行き先と逆のほうに行ってしまった……。こうやって**ゴミ拾い自体を楽しむ世界**です。私はそんな遊びをしていたら、気付けばゴミを１２６万個拾っていました（笑）。

私が提唱したいのは、**この二つの生き方をわかった上で、３G（我慢、犠牲、義務）が必要なときは3Gをすればいいいし、LTE（自由、感謝、楽しむ）で生きたければ、LTE的な生き方を増やしていけばいいということです♪**

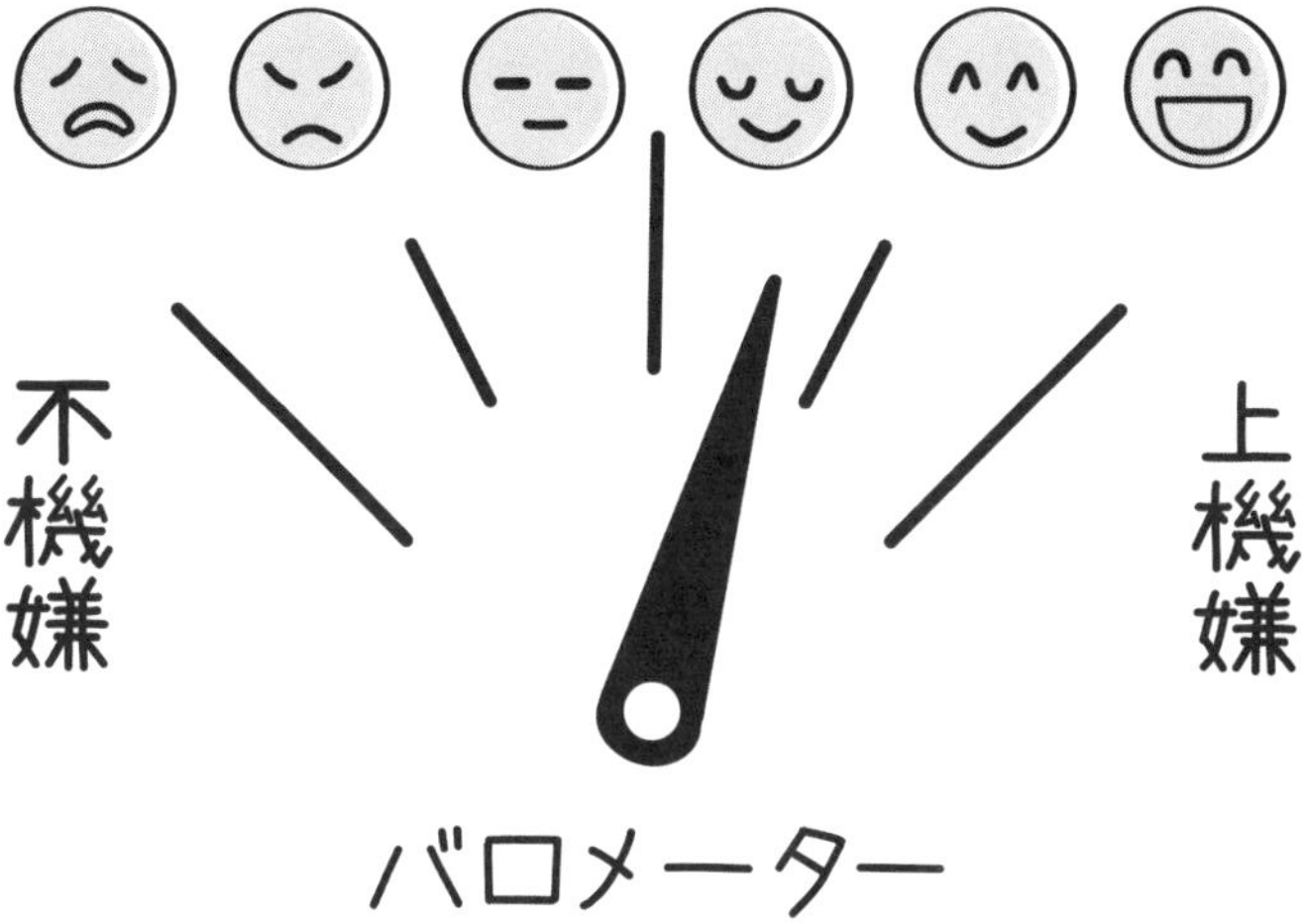

3　不機嫌を減らすには
〜３Gを減らすには？〜

３Gを一言で言うと、我慢です。義務も我慢。犠牲も我慢。ですから、**３Gを減らすには、まず自分が我慢しているかどうかに、そもそも気付く必要があります。**

我慢しているかどうかを、ウォッチする。ウォッチとは、ルック（LOOK：見る）でもなく、シー（SEE：見える）でもありません。「WATCH：注意深く見る」という意味で、この言葉を使っています。この**自分ウォッチを、毎秒行うことです♪　毎秒です♪**

すると、自分が我慢しているかどうかを、すぐに気付けるようになります♪　私たちは、ピラミッド社会で集団教育を受ける過程で、自分の感覚を切らされて育てられています。我慢することが当たり前になっています。我慢がデフォルトです。退屈な授業を我慢して聞くことは当然であるかのように、しつけられます。

そして、**そんなストレスに耐える力をストレス耐性とかGRIT（やり抜く力）というかっこいい言葉にすり替えられます**（苦笑）。もちろん、私も経営者時代には、ストレス耐性が強かったおかげで、400時間労働を14年間も続けて来られたわけですが（苦笑）。たとえば、会社で、60分の会議のうち、自分の出番が2分しかない会議に参加していたらどうでしょう？　他にやるべき仕事は、たくさんある。なのに、残り58分を、傍観してその場でお付き合いしないといけません。

今までは、**「これが当然」と無意識に思っていた我慢を、自分の意識のコントロール下に持ってきてみて下さい。**

「自分が我慢しているんだ」ということに気付けば、対処できます。私なら、

「私の出番は2分しかない会議でしたら、次回から私の議題をお渡しするので、上司が代わりに発表して下さい。そのかわり、浮いた1時間で、バリバリ仕事を進めて結果を出しますから♪」

こう言って、上司にお願いしちゃうかもしれません。そうすれば、**仕事の時間の中で、自分の裁量が効く自由なLTEの時間が増えますね♪**

上機嫌・不機嫌バロメーター

不機嫌の時間を減らし、上機嫌の時間を増やすための習慣が、先ほど述べた、自分の機嫌をウォッチ（注意深く見る）して、毎瞬の自分の機嫌をチェックすることです。

「毎瞬なんてできない」と思われそうですが、簡単です。「**不機嫌になったときだけチェックをする**」のです。そして、**その不機嫌の要因を見極め、それを減らす。そうすれば、必ず上機嫌の時間が増えて、不機嫌の時間が減ります♪　必ずです♪**

「いつも上機嫌の人などいない」という話をしました。それでは、私が最近、不機嫌になった話をしましょう（笑）。妻と近所のスーパーで買い物をしていました。彼女は、大量に買うつもりがなかったため、小さなエコバッグしか持ってこなかったようです。そこで、私がエコバッグを「貸すよ」と言って渡しました。

そうしたら、彼女、どうしたと思います？

あろうことか、私のエコバッグを使わずに、５円払って、スーパーのビニール袋を買いました‼　私の恩義を受けとらずに、５円出してビニール袋を買った。「ゴミ拾い仙人の前で、袋というゴミを増やすか⁉」。それで、腹が立ちました。口に出して言うほどではなかったのですが、思考がグルグルします。「自分がゴミ拾いばかりしているから、エコバッグまで汚く見えるのか」。私の心の針が、不機嫌に振れるのがすぐにわかりました。

何分かの間、不機嫌になりましたが、よく考えたら、「たった5円で、夫婦げんかになったら滑稽《こっけい》だな」と**気付きます**（笑）。そうしたら、あほらしくなって、不機嫌になるのをやめました。しかも、これは書籍のネタにもなる（笑）。幸福度偏差値77・9の吉川充秀も、この程度で不機嫌になるんだと。

さらに、思考を発展させて、「他人から見たら、ゴミ拾いばかりしているから、持ち物が汚いと思われているのかもしれない」。そんな客観的な視点にも気付きます（笑）。妻の行動の理由も、なんとなくわかってきました。

そしてさらに、「ヒマさえあれば、私はゴミ拾いをしているけれど、自分も持ち物もキレイだと思って欲しい」という**エゴの種が、自分の中に潜んでいることにも気付けました♪** こうやって、**「気付く」と、次に同じようなことがあると、想定の範囲内です**。次は、「エコバッグある？」と人から言われるまで、私の持ち物は貸しません（笑）。

こうやって、不機嫌の時間を3分くらいで切り替えて、また上機嫌に自分の心の針が落ち着きました♪ こんなことを日常で繰り返すと、必ず上機嫌の時間が増えます♪ **上機嫌をつく**

る習慣の、もっとも基本的な部分が、この上機嫌、不機嫌バロメーターを毎瞬ウォッチするということです♪

3Gは会社経営においては必要

とはいうものの、私が経営してきた株式会社プリマベーラも3Gをバリバリ使ってきました。その一つがタスクです。タスクとは「やるべき仕事・作業・任務」ですね。経営会議で決まったことを、片っ端からタスクにして現場の従業員さんに送り、実行してもらいます。少し気を抜くと、店舗の店長がタスクを30くらい抱え、通称「タスク地獄」に陥ることがあります（笑）。そのタスクは、全て「期限」がついています。なので、１００%実行してもらいます。ところがタスクを粛々と実行するだけだと、３Ｇ（我慢、犠牲、義務）だらけの面白みのない仕事になってしまいます。

プリマベーラでは、会社の仕事の中に上手にＬＴＥ（自由、感謝、楽しむ）を入れています。**Lは自由と言いましたが、仕事では、「自主性」と解釈すると、わかりやすい**かもしれません。たとえば、店長も店舗の従業員さんも、**自主的に自分の裁量で売場をいじる**ことができます。

つまり、**3G的な働き方に、自主性をプラスしてLTEにしています。**

そして、自分で目標を決めて自分で好きな取り組みをしていい、そんなルールもあります。ポップを書くのが得意な人はパソコンで商品紹介のポップを書いて、結果を出します。そしてそれを全店がマネして、さらに成果を出す。書いた本人は鼻高々。仕事をＥＮＪＯＹできます♪ そして、そんな彼に、あちこちから電子サンクス（ＴＨＡＮＫＳ）カードが届きます。

「素晴らしいポップをありがとう。おかげで売上が伸びました」

結論を言うと、**３ＧにＬＴＥを織り交ぜると、俄然、仕事も家事も楽しくなります♪**

また、15期連続増収増益の私たちの会社の黄金律があります。「**緊張と緩和を６：４にする**」

つまり「ストレスとリラックスを６：４にする」ということです。私なりの言葉を使うと、**３Ｇの我慢、犠牲、義務のウェートが６、ＬＴＥの自由、感謝、楽しむのウェートが４**。もっと、突っ込めば、不機嫌と上機嫌の比率を６：４にする（苦笑）。これを３Ｇ＋ＬＴＥ経営と呼んで、実践してきました。

ずばり、ＬＴＥの割合が増えすぎると、業績は伸びません。楽しいけれど、緩くなります。かと言って、３Ｇだけだと従業員さんが疲弊します。だから、そのちょうどいいさじ加減が６：４。**緊張感がリラックスを上回っているくらいのところが、ちょうどいいさじ加減**です。なぜなら、企業は結果を出す世界で生きているからです。結果を出すには３Ｇ習慣が必要です。しかも、高い結果目標は、無理をしないと達成できません。無理をするから、我慢や義務や犠牲が必要です。ただ、無理をしすぎると、そもそも従業員さんが、仕事を継続できません。

個人の仕事も、こと仕事においては、結果を出したいのであれば、３ＧとＬＴＥの割合を６：４くらいの感覚で進めてみて下さい♪　ほどよい緊張感で、それなりに楽しく仕事できるはずです♪

今の時代は3Gより5G？

電話回線の話をします。３Ｇ回線は確実につながるけれど、遅いですね。今の時代はＬＴＥ回線や５Ｇ回線が主流です。ＬＴＥや５Ｇは速い♪　それになぞらえて、３Ｇだけでなく、私たちもＬＴＥや５Ｇを仕事にも導入することを推奨しています♪

「我慢、犠牲、義務はデフォルトとして仕事には付きものだ。そして、それが結果を生み出していること」をまず認めます。その上で、３Ｇの仕事に、ＬＴＥと２つのＧをプラスします。３Ｇ＋２Ｇでちょうど５Ｇになります（笑）。

プラスする２Ｇのうち、**一つ目のGが、「ガンバルンバ♪」**です。普段から、「頑張る」という言葉を私たちは使います。これは、重たい言葉ですね。つまり、得たい結果を得るために、我慢、犠牲、義務を引き受けるということです。

セミリタイアした私は、「頑張る」という言葉は極力使いません（笑）。その代わり、重たい「頑張る」という言葉を「ガンバルンバ♪」と軽い言葉に代えたらどうでしょう？「頑張る」に、ルンバの「音符（♪）」のリズムを取り入れる♪　重たい「頑張る」という言葉に、軽い「ルンバ」を足して中和するイメージです♪　もちろん、はたから見たら、頑張っているのだけれど、その**頑張ること自体を楽しんじゃうという発想です**。すると、**3GがLTEに移行します。「ENJOY」ですから（笑）**。

「ガンバルンバ♪」を仕事に浸透させるには？

また、「お疲れ様」という言葉が、仕事ではよく使われますが、私が経営するプリマベーラでは**「お楽しみ様」という言葉**を使っています♪　仕事は楽しむもの、という発想ですね♪　不思議なことに、「お疲れ様」と言うと、言葉に共振して不機嫌になれますが、「お楽しみ様」と噛みそうになりながら言うと、不機嫌になれません（笑）。私たちの社内の電子日報には、「お楽しみ様です」スタンプや、「ガンバルンバ♪」スタンプなるものもあります。**「どうせ頑張る**

なら楽しんじゃおうよ」、これが基本スタンスです♪

たとえば、私が経営者時代に開催していた会議や勉強会は、ふざけまくります（笑）。社員さんはいじるし、時にはシモネタが出ることも（笑）。すると、楽しいですね♪　ただ、しっかり締めるところは締めます。

「**お客様と数字にはふざけない、それ以外は全てふざけていい**」と言ってきました（笑）。

そして、そのくらい言い切らないと、安心してふざけることができません。そして、**これこそが、企業で騒がれている「心理的安全性」を担保している働き方です♪**　ちなみに、ゴミ拾い仙人の吉川充秀のＬＩＮＥスタンプにも、私の上機嫌になる口癖の一つとして、「ガンバルンバ♪」スタンプがあります♪　私が使っている「上機嫌口癖集」に、13歳の次女のSaran.が、イラストを描いてくれました♪　「このスタンプを使っていると、心が軽くなる♪」と評判のスタンプです♪　もしよかったら、使ってみて下さいね♪

LINE
ゴミ拾い仙人・吉川充秀
の上機嫌スタンプ♪

さて、この書籍の原稿は、時々私が笑いながら書いています。自分が「面白い」とか、「役に立つ！」という内容じゃないと、バッサリとボツにしちゃいます。真剣に、締め切りに間に合わせようと、必死のパッチで３G的に、書いているように思われますが、それも楽しくやれば、ガンバルンバです♪

もう一つのGがゲーミフィケーション♪

ゲーミフィケーションとは、「ゲーム化」ということです。ゲームって、ついついやっちゃいますよね♪　そのついついやってしまうのはなぜか。ゲームが楽しいのは、スコアがあるからです。だったら、ゲームをマネして、仕事もゲーム化、スコア化したらどうだろうか。そんな発想で、**ゲームのように仕事を攻略すると考える**と、どうでしょう？　ゲームをクリアする喜び、達成感を得られるような工夫をするわけです♪

この書籍の原稿を書きながら、私は絶賛ダイエット中です♪　一カ月半で、80・1キロだった体重が本日現在73・6キロまで減りました♪　これは「計測されるものは改善される」という原理原則に基づき、レコーディングを続けているからです。毎日の体重を計測してトイレに貼り出す（笑）。そして、食べたものの写真を全て撮影して、記録に残します。計測すると、わかります。「体重が落ちた理由は、利尿剤のミルクティーだな」とか。「揚げ物をつまみ食いしたから、この日は落ちなかった」とか。すると、工夫が生まれますね♪　主食をキャベツの千切りにしようとか♪　それを、同じくダイエット仲間の長女と共有して、喜ばれます♪　キャベツの千切りをオニのように用意する妻だけは、不機嫌になりますが（苦笑）。減っていく自分の体重を見て楽しむ♪　そして創意工夫していく♪
仕事の楽しみとは、結局私が行き着いた結論は、「工夫できること」です。従業員さんに訊いても、人気の仕事は企画をつくることや、独創的な売場をつくること、ポップを作って売り込むこと……。多くが工夫できる仕事です。**その工夫こそが、仕事のやりがいの一つの答えだ**と私は思っています♪
仕事をゲームのようにスコア化して、攻略の方法を工夫していく♪　それがゲーミフィケーションの神髄だと思っています♪

この書籍も、「どうやったら読者の皆さんに、もっと伝わりやすく伝えられるだろうかゲーム」を自分で設定して、いろいろな工夫をこらしています♪　70点を80点、90点と、１００点に近づけるイメージで、**努力自体を楽しむ♪　楽しんでリラックスすると、執着がないから、次元の外から、ふとしたヒントが降りて来やすくなります♪　「神ってる」というのは、こういう状態のことを言っているのかもしれません♪**

３Ｇの我慢、犠牲、義務は仕事には付きものですが、「ガンバルンバ♪」と「ゲーミフィケーション」の2Gをプラスした5Gのような働き方が、これからは大事になってくるのかもしれませんね。

4 具体的な上機嫌生活のコツ♪

「いつも上機嫌」はマボロシです！

「私はまったくストレスがない、ノンストレス！」

そう豪語する私の知り合いの経営者がいます。第1章でお伝えしたように、ストロングワードは半額で見ましょう（笑）。「半分くらい上機嫌で、半分くらい不機嫌なのね？」くらいが当たらずも遠からずです（笑）。

私は、裏の顔研究家なので、ついつい本当のところが知りたくなっちゃいます。調べると、その社長は、大きな裁判を抱えていたり、会社の業績が少し傾いている。そうやって、裏面から見ると、「ストレスがない」というのも、虚勢であることがわかります。自分で自分に言い聞かせるように、思い込もうと思っているのかもしれませんね。

幸福度を測るウェルビーイングサークルで偏差値77・9の私はどうでしょうか？　よく言われます。「ひでたん（私の愛称）は、いつも上機嫌だよね」と。違います。「**あなたと会っている時間は、いつも上機嫌**」です（笑）。「会っていない時間」には、一人で時々不機嫌に陥っています（苦笑）。また逆に、「この人と長くいたら、不機嫌になるな」と思ったらすぐに、おいとまします（笑）。

この書籍の原稿の締め切りは、8月12日。今日は、7月19日です。まだ余裕がありそうですが、実はありません。7月22日から29日までの8日間、カナダ旅行、8月2日から11日まで10日間、イタリア旅行です。旅行中は、原稿を書くヒマがほぼないと考えると、実質7日間ほどしかありません。しかも、原稿が書き上がっていないと、旅行を心底楽しめません。なので締め切りに追われながら、我慢、義務、犠牲を時々感じながら、原稿を書いています（苦笑）。

幸福度指数、偏差値77・9の私も、不機嫌にこうやって振れています。

「いつも上機嫌、いつもストレスがない」

というのはマボロシだということがわかりますね♪

ストレスを抱えないように「先義後楽」で生きる♪

私がつくった造語が、**先義後楽《せんぎこうらく》です。先に義務をする。つまり、やるべきことを先にする。そして、あとから楽しむ**。これが、上機嫌という観点で、いかに理にかなっているかは、心の状態を想像するとわかります♪

原稿の締め切りをいつまでも後回しにして、カナダ旅行、イタリア旅行に行くとします。執筆は全然進んでいません。カナダに行って、ナイアガラの滝に行っても、カナディアンロッキーの美しい湖を見ても、心から楽しめません。アタマの片隅にずーっと、原稿のことがまとわりつきます。上機嫌とは、揺るがず囚われずの状態でした。まさに、原稿の締め切りに揺らされ囚われている状態ですから、不機嫌を抱えて楽しんでいる状態です。

休む場合も同じです。ゆっくり休もうとすると、アタマに浮かぶのは原稿のこと。すると、100％休むことができません。場合によっては、原稿の締め切りのことが夢に出たりします（苦笑）。**義務を後回しにすると、心底でLTE（自由、感謝、楽しむ）の世界に入れない**ということです。

だから、**先に義務を終わらせる♪　そして、スッキリさせて、カナダ旅行とイタリア旅行を**

100%満喫する♪　これが先義後楽の生き方です。

私が月間400時間を楽しく仕事できていた秘訣♪

私が現役経営者時代に、月に400時間労働をなぜ楽しくできたのか。その秘訣の一つが、実は「先義後楽」です♪

当時は、朝の6時前後に起きて、自宅の書斎で3時間集中して仕事をして、朝の3時間で、毎日の社長がやるべき仕事を全部終わらせます。全店舗の売り上げを確認したり、従業員さんの日報を読んで返信したり、会議の議題になるようなネタを集めたり、日本経済新聞から情報収集したり、幹部にチャットで仕事の指示をしたり……。彼らの出社前に、私は**私の「義務」を早々に終わらせます♪**

すると、朝9時以降の**残りの時間は、LTEの時間になります♪♪**　自分がやりたい仕事、自分が行きたい場所、読みたい本、つくりたい企画、それにどっぷり浸《つ》かって仕事ができます♪　何せ、社長としてやるべき仕事は全部終わっているのですから♪　何をしようが、誰からも文句を言われる筋合いはありません♪　こうやって、自分の自由時間の中から、膨大な経営の仕組みを次々と、つくり上げていったわけです♪　**私が上機嫌で仕事をしていた一つの手法**

が、「先義後楽」の習慣なのです♪

そして、毎日朝9時にすべきことをしてリセットするから、ニュートラルでいられます。囚われが少ないので、アイディアがポンポンと浮かび、ひらめきます♪　これが**LTEの世界の副次的な効果です♪　とにかくアイディアが必要な仕事は、リラックスを増やすことです♪**

私の場合は、**朝の3時間の3G仕事をゲーミフィケーションと「ガンバルンバ♪」で働き、午前9時以降の全ての時間を、会議などの会社行事がない場合は、全てLTEで仕事をしていました♪　先義後楽や、緊張と緩和のバランスを上手に取っていた**からこそ、無理なく14年間もハードワークを続けることができたのかもしれませんね♪

3Gの口癖を減らそう♪

「自分は我慢、義務、犠牲が多いかも」と思った人は、自分の言葉に気をつけてみてください。**「頑張る」という我慢言葉**を使いすぎてないでしょうか?

「ねば」「べき」「いけない」という義務言葉を使っていないでしょうか?

「いけない」が多いと「いけてない」人になります(笑)。「ガンバルンバ」や、もう少し軽い言葉を使ったほうがいいかもしれませんね♪

ここまで、私の文章をお読みいただき、気付かれたでしょうか？　「べき」とか「ねば」とか「いけない」という言葉は、ほとんど使っていないことに。

「べき」や「ねば」や「いけない」という言葉は、「したらいいかもしれませんね」という、柔らかい言葉に意図して変更しています♪

私は軽い言葉が大好きです♪　重たい言葉が苦手です。**軽い言葉を使うと、上機嫌になる確率が高まります♪　重たい言葉を使うと、不機嫌になる確率が高まります（苦笑）。なぜなら、「べき」「ねば」「いけない」と言っている人は、自分の自由をも狭めているわけですから。**

5　不機嫌の産物「エネルギーバンパイア」

（感情はその都度吐き出す♪）

私は、立派である必要もないし、むかつくときはむかつくと言うし、子どもとも、子どものようなケンカもします（笑）。**感情を小噴火させていると、感情はその場で昇華されます。だから、ゼロリセットできます。感情のエネルギーは強烈なので、できうる限り、その都度、リセットすることをオススメします**。時には、妻や、子どもたちとやりあって、えげつない一言を言ったりします。

私と妻の、いい大人二人で、次女に「ゴーグルブス」と言ったりします（苦笑）。次女は、目元はぱっちりなのですが、お鼻が丸っこくて可愛い形をしています。スイミングプールで、ゴーグルをつけて泳ぐ次女を見て、

「え？　あれ、うちの子？　うちの子、あんなブスだったんだ？」

妻が衝撃を受けて、それから、次女をけなす時には、「ゴーグルブス」と言って、腹を抱えて笑っています（笑）。

「ひどい親だ」と思われるかもしれませんが、次女も負けずに母のことを、「ほうれいせんお化け」とか「への字口」とか言い返すので、お互いさまです（笑）。お互いが、一瞬エネルギーバンパイアになって、スカッとして、感情をリセットしているわけです♪

もし、**人に意地悪したくなったり、誰かをコントロールしたくなったら、その時は、自分で自分の楽しいエネルギーを自活できてない証拠かもしれません**。自分が我慢していないかを自問自答して、少しずつ減らしていくと、誰かから吸血鬼のようにエネルギーを吸い取るエネルギーバンパイアになりにくくなるかもしれませんね♪

不機嫌の共振は強い！

上機嫌でいるには、知っておくことがあります。それは、「**機嫌は伝染する**」ということです。上機嫌も伝染します♪　そして、不機嫌も伝染します……。気をつける「べき」は、この不機嫌の伝染です。

これを、エネルギー的、波動的な観点で言うと、「共振する」と言います。**重たい感情は、引力が強い。ずばり重力が強いのです。**たとえば、家族に一人でも不機嫌な人がいると、楽しい雰囲気が一気に悪くなりますね……。一人の不機嫌で他をあっという間に、重たい気持ちにさせてしまいます。

２０２４年5月に、高校二年生の長女と二人っきりでスペイン旅行に行ったお話を冒頭でしました。私が、ルンルンでバスに乗っていたら、長女が「おなかが痛い」と言い出します。「ほんと、腹が痛い」「ねえ、あと何分で着く？」「もう我慢できない！」バスの一番後ろの席で長女が、私に逐一言ってきます。私のルンルン気分は吹き飛んで、自分まで「ウン◯もれぞう」な気分になってきました（苦笑）。私も焦りだし、グーグルマップで行き先までの時間を調べてあげたり、バスの中で先頭に立って、いの一番に降りられるような段取りをしたりと、気が気ではなくなってきました。せっかくの素適なスペインのコルドバの景色が台無しです（苦笑）。彼女の「お腹が痛い」が、私に伝染して、私も不機嫌に心の針が振れていったわけです。ちなみに、長女はこのあと、トイレに20分こもり、女子トイレの大渋滞の原因をつくり、多大な迷惑をかけ、私がツアー参加者全員に謝って回るというトホホな状況になりました（苦笑）。

話は変わって、長女は、小学校高学年から中学三年間、長い反抗期で、ブッブツイライラエネルギーを全開に出していました（苦笑）。不機嫌は、伝染することを知っているので、私は必要なければ彼女に近寄りませんでした（笑）。妻からは、「父親失格」と何度も怒られましたが（苦笑）。その代わり、私自身は楽しくて上機嫌な波動で生き続けました♪

すると、あれだけ重たかった長女が、「パパとスペインに行きたい」と言い出し、十日間同じホテルの部屋で二人で過ごすという、ミラクルが起きました（苦笑）。私が出していた上機嫌なエネルギーに共振して、彼女は「**もうそろそろ重たい感情で生きるのをやめて、パパみたいに軽くて上機嫌で生きようか**」と思ったのかも知れませんね♪

ちなみに、スペインで長女の自由を尊重して、好き放題にお互いに過ごしていたら、日本に戻ってきてから、妻からこう言われています。

「ねえ、パパと旅行してから自由になりすぎて困るんだけど」

行き過ぎた問題も発生しています（苦笑）。**宇宙の原理は「自由」です。その「自由」で生きれば、何の問題もないのに、常識や校則などの「ルール」や、自分たちの「マイルール」を、人に当てはめるから、本来シンプルなものが、複雑になってしまいますね（苦笑）。**

6　LTEを増やすには？
〜自由に生きるとは？〜

LTE（自由、感謝、楽しむ）の「E」の（ENJOY　楽しむ）については、いくつかお話をしました。それでは、L（LIBERTY　自由）とT（THANKS　感謝）をどう増やしていくのか、というお話をします♪

社会人の私たちは、学生時代から比べたら自由に生きていると思っています。私も経営者時代は、「経営者は自由に生きられるし、天職だなあ♪」なんて思っていました。ところが、今思えば、それは**「制限のある自由」**でした。一応、経営者ですから、いつ休もうが、いつ仕事をしようが自由です。ただし、3カ月の休暇を取って、ピースボートに乗って世界一周をしてくるとか、1カ月の間、大好きなゲームをして過ごす、なんてことはできません。経営者が経営に身が入らなくなれば、ライバル会社の突き上げを食らって、競争社会で敗退してしまいますから。

さて、セミリタイアした今、「本当の自由とは何か」ということについて気付きました。**私たちをとくに不自由にしているものは、時間です**。わが家では、妻は朝6時に起きて、弁当を7時10分までに作ります。子どもたちは、朝6時半に起きて、7時10分に自宅を出ます。妻も子どもたちも目覚まし時計をかけて、アラームで目覚めます。小学校二年生の三女も、何一つ文句を言わず、眠い目をこすって起きてきます。

私は、目覚まし時計をかけません。自分の「生理」で生きています。先日、経営者仲間に「自分の生理で生きています♪」という話をしたら、「え？　吉川さん、女の子？　どういうこと？」と言われました。女の子の生理ではなくて、「生理現象」に基づき生きているということです。起きたくなったら起きる。眠たくなったら眠る。食べたくなったら食べる。休みたくなったら休む。**本当に自由な暮らしとは、こういうものです**。スイス旅行の時差ボケで朝10時42分に起床しても、誰からも何も言われずに誰にも迷惑をかけない。人間以外の動物は、きっと「自分の生理現象」をもとに生きているはずです。本来それが自然な生き方のはずですが、私たちは本当の自由を忘れて、「規則正しい生活を送る」ことが善だと刷り込まれてしまっています。「吉川さんみたいに、自由に生きられるわけないでしょ！」と、お叱りを受けそうですね（苦笑）。仕事の日は、百歩譲って仕方ないとしましょう。でも、**プライベートのお休みの日くらいは、時間を気にしない暮らし、生理現象で生きる暮らしをしてみたらどうでしょう？　そして、これが究極のリラックスです♪　普段のストレスを緩和させるには、もっともリラックスできることをすることをオススメします。**

ちなみに、現役経営者時代、毎週日曜日は時間を忘れて眠り、朝10時頃に起きたら、ぼーっとソファーにだらしない格好で座って、『千と千尋の神隠し』を、口をあけて、廃人のように観るというのが、最高のリラックス方法でした。妻が「大丈夫？」と当時は心配する廃人ぶりでした（苦笑）。『千と千尋の神隠し』を30回くらいリピートして観たので、台詞を全部暗記してしまいました（苦笑）。**全力で働いたら、全力で休む♪　こうできると、ストレスは大きく軽減できるかもしれませんね♪**

「のにのに病」になっていませんか？

皆さんは、自分の人生を自主的に生きているでしょうか？　それとも、受動的に生きているでしょうか？　**受動的に生きる生き方は、犠牲の生き方になりがちです。**

「こんなに家事を頑張っているのに」「こんなつまらない仕事を頑張っているのに」「あなたに、いやいや付き合っているのに」……。

この**「のに」を語尾につけることを、私たちの会社では「のにのに病」と言っています。**自分が犠牲者になっている証拠です（笑）。

でも、**「のにのに」言っていたらチャンスです。自分の「犠牲」に気付けますから♪**　三つのGのうちの一つのGに気付けますから。もし気付いたら、その犠牲から自分を解放してあげることを考えましょう♪

感謝を増やす♪

では、LTEの「T」の感謝を増やすにはどうしたらいいでしょうか？　人と会って何かしてもらったら、口癖のように「ありがとうございます♪」を言うと素適ですね♪　「ありがとう」が口癖にできたら最高ですね♪　コンビニでお金を払って、お釣りをもらったら、「ありがとうございます♪」と言えたら素適です♪　私の場合は**もっと軽い挨拶で「どーも⤴♪」という言葉を使います♪**　結局は感謝のエネルギーの言葉ですから、「ありがとう」と意味合いは同じです♪

群馬県太田市での
ゴミ拾い本出版記念
講演の動画

この「どーも⤴♪」という挨拶はたいへん便利です♪　「こんにちは」という挨拶の意味もあります。「ありがとうございます♪」の意味もあります。場合によっては、「すみません」の意味も表せます。万能な言葉なのです♪　そのことに気付いてから、この「どーも⤴♪」挨拶を多用するようになりました。**この言葉のポイントは、音符のリズムで尻上がりに言うことです♪　すると、軽やかな波動になり、上機嫌になれます♪**

YouTube の私の動画で、「どーも⤴♪」について熱演している動画がありますので、ぜひ観てみてくださいね♪　ただの挨拶ではないということがきっとおわかりいただけます♪

「ありがとう」より強烈な感謝を増幅させる言葉♪

「ありがとうございます、感謝します」を口癖にできる人は、ぜひ口癖にしてください。何もなくても、念仏のように一人で唱えられたら最高ですね♪　「ありがとう」を一万回、十万回、百万回唱えると、奇跡が起こると、作家の小林正観《こばやしせいかん》さんはおっしゃっています。私はしたことがないので、わかりません。私の場合は、ただ無目的に何かを念仏のように唱えるのが苦手なので、していません（笑）。

量が言えないなら質を深めればいいのです。では、もっと感謝を深めるにはどうしたらいいか。感謝についても、20年間研究してきましたが、研究19年目にして、感謝の念がいっぱいになる言葉を見付けました♪

それが「**ありがたい**」です♪

飲食店でお会計をすると、店員さんが「ありがとうございます」を言います。感謝の言葉ではあるのですが、「ありがとう」という言葉は軽いのです。ただ「ありがとう」を言っているだけで、本人の感情のエネルギーはあんまり乗っていません。私が言う、「ありがと♪」も同じです。同様に軽い（笑）。

ところが、「ありがたい」は別です。この言葉は、本当にありがたくないと言えません。だから、**「ありがとう」の代わりに「ありがたい」と言ってみましょう♪**　実感を込めて、「本当にありがたい」。そう言うと、私も時々、目に涙が浮かびます。感謝の念がわいて、心がフルフルし

ます♪

また、メールやＬＩＮＥなどでは、「ありがとう」はもっと軽くなります。私はパソコンで、「あり」と入力すれば「ありがとうございます♪」と出ますから（笑）。感謝の念がなくても、「ありがとうございます♪」と軽くキーボードを叩きます。が、それでは感謝のエネルギーが乗らないので、一工夫しています♪　**感謝増幅用語を付け足すわけです。**

それが「感謝感激です♪」という言葉です。

ここまで言うと、心からの感謝の念が乗り、相手にも伝わります♪　形式だけで、「心より感謝申し上げます」よりも、はるかにいいですね♪　建前の感謝をするより、「本音の感謝」です。建前の感謝には、エネルギーは乗りません。本音の感謝には、感情のエネルギーが乗ります。そして、それも**相手のために感謝するのではありません。自分の機嫌をよくするために感謝するのです♪　相手に感謝が伝わるのは、二の次です♪**

改めて、この本をここまで読んでいただきありがとうございます♪　本当に、ありがたいです♪　感謝感激です♪

7「I love myself♪」のススメ♪

シャンパンタワーの法則と「I love myself♪」

シャンパンタワーの法則をご存じでしょうか？　シャンパンタワーがあったら、どこから注ぎますか？　普通は一番上のグラスから注ぐのですが、これが社会においては、一番上から注がない人が多いというたとえです。

この絵を見ると、「一番上から満たすに決まっているでしょ！」と誰もがわかります。ところが現実は、**「自己犠牲をする人ほど尊い」という「偉人神話」に思考操作された私たちは、一番上の自分のグラスに注がずに、人のグラスに注ぐのです**。しかも、**家族や友人、会社の人に注ぐよりも、一番下の見知らぬ人のため、「世のため人のため」に注ぐことほど尊いとされています**。家族に親切をしても、マスコミに取り上げられませんが、見知らぬ人を命がけで助けたりすると、ニュースになりますね。

さて、自分のグラスに、シャンパン、イコールエネルギーが満たされないと、エネルギーバンパイアになります。こうやって、自己犠牲する人は誰かのグラスからシャンパンを、つまり

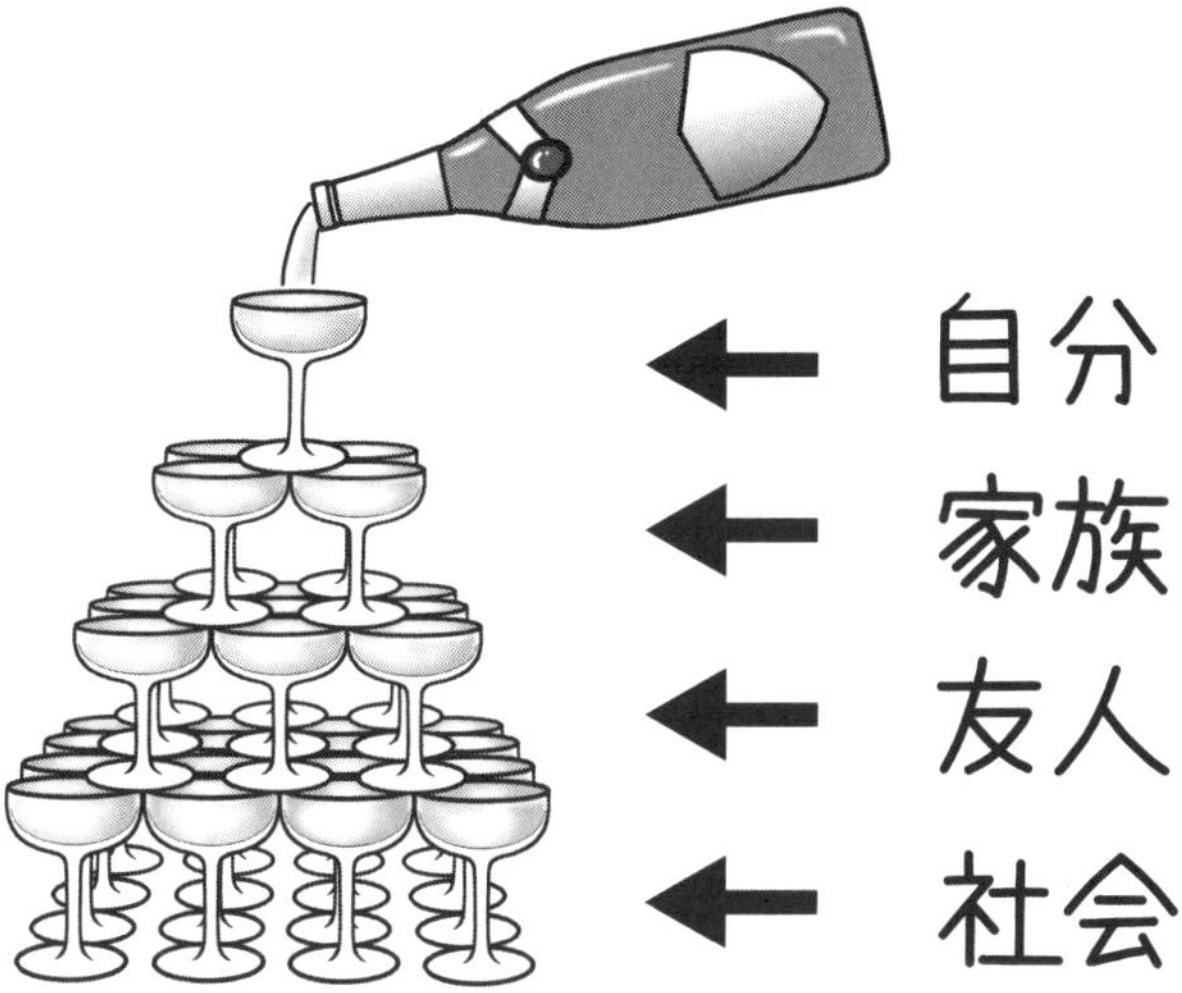

はエネルギーを奪うようになります。

自然なのは、自分に注ぎ、自分のグラスをなみなみと満タンにする。そして、そのグラスからあふれたシャンパン、イコールエネルギーで、人に親切をする♪　これが鉄則です♪

私が提唱する「I love myself♪」（自分で自分自身を愛する）という生き方は、どんな生き方かというと、徹底して人が異常と思うくらいに、自分を先に満たす。シャンパンタワーの一番上のグラスを満たし続けることだけを考える。自分を満たし切ると、自然にシャンパンがあふれ出ます。つまり、人に優しくできます♪　自分にエネルギーが満ちているから、人に意地悪しません。

「I love myself♪」はわがままに見えて、実はきわめて利他的な生き方でもあるのです♪

海外旅行における飛行機のチェックインの話♪

20人ほどのスペインのツアーに参加して、旅行をしたときのことです。海外の飛行機のエコノミー席は、搭乗時刻の24時間前から、オンラインチェックインができます。そして、オンラインチェックインと同時に座席指定ができます。スペインから羽田空港へ戻る便は、夜中の1時がオンラインチェックインが解禁される時間でした。ツアーの参加者は、ほとんどが60代、70代なので、スマホの操作が苦手な方がほとんどです。

スペイン旅行でお世話になった、60代のりつこさんという女性が言います。

「吉川さん、夜中の1時に、もし私がオンラインチェックインできなかったら、やってくれる？」

私はこう答えました。

「もちろんいいですよ♪　ただし、私と長女のチェックインが済んだあとでもいいですか？」

窓側席や通路側の席が確保できるかは、時間との戦い。取り合いになります。さてここで、**優しすぎる人は、「自分よりも他人を優先したら、わがままに思われるかも⁉」と思って、他人を優先しようとします**。私は違います。「I love myself♪」ですから（笑）。

私と長女の座席指定をしてから、りつこさんの分を座席指定してあげました♪　つまりは、

自分たちを最優先して、それから他の人のお手伝いをしてあげた。それでも、たいへん感謝されました。

この話には、続きがあります。朝の6時にホテルのフロントに行くと、年配の方の長蛇の列ができていました。旅行添乗員さんに、「私のオンラインチェックインと座席指定もやってちょうだい」という長蛇の列です。私は「旅行添乗員さんがパニックになるだろうから、お手伝いしてあげよう♪」と長女に呼びかけ、眠たい目をこすって、私はノートパソコン、長女はｉＰａｄを持って、添乗員さんのチェックインのお手伝いをして差し上げました。

皆さん、無事に希望の席もとれて、大喜びでした。しかし、一番喜んでくれたのは、旅行添乗員さんでした。

「あれだけの数の人のオンラインチェックインを私一人では、無理でした。本当に吉川さんたち親子が神様に見えました」

たいへん感謝されて、帰り際にチョコレートの詰め合わせをいただいちゃいました♪　**私たちが一番最初にオンラインチェックインをして、もう満たされているからこそ、人様に優しくできるのです♪**

これが、「I love myself ♪」の生き方です♪

そして、普段はヤンキーな長女ですが、オンラインゲームで磨いた得意

ブログ
長女とのスペイン旅行

のｉＰａｄ操作で、スペインで親切をしてあげて、大感謝されたことは彼女の素適な体験になったことでしょう♪

ユーミンの「守ってあげたい」の替え歌♪

大好きな歌で、松任谷由実さんの『守ってあげたい』があります。私は替え歌を時々歌います♪「I don't have to worry, worry. 守ってあげたい。わたしを苦しめる全てのことから 'Cause I love myself.」

歌の歌詞も、私たちの価値観に影響します。**ほとんどの歌の前提は、「あなたが好き、あなたが一番」ですね（笑）。「自分が一番」という歌はあまりありません。なので、「自分が一番」になるような歌を自分でつくれたら素適です♪　本来、一番幸せにしてあげる存在は私自身です♪　そして、その私自身を満たし切れば、シャンパンタワーの法則で、他の人に親切にできます♪　自分をストレスから、我慢、犠牲、義務から。比較という競争社会から、守ってあげたいものですね♪**

上機嫌のキーワードは「余裕」

心にゆとりを持つ、それが「余裕」です♪　プリマベーラの渡辺貴史《わたなべたかし》さんという社員がいます。彼は、「心の余裕日本一」と宣言していますが、一緒に仕事をしていると、まったく心に余裕がないように見えます（笑）。テンパっていて可愛いですね♪　彼の日本一宣言は努力目標なのかも知れません（笑）。

さて、**上機嫌とは言い替えると、「エネルギー的に余裕がある」状態です♪**

私は、会ったことはありませんが、ファーストクラスに乗る外国人の富裕層は、金銭的余裕があり、時間的余裕があります。私と同じ、会社のオーナーが多いので、自分が経営をするわけではありません。だから、ゆったりおおらかで、人から相談されたら、時間をたくさん取ってくれるそうです。

私はエコノミークラスが大好きで、ファーストクラスには乗りませんが、彼らと似ていることをしています♪　執筆や講演の仕事がなければ、普段は、ブログを書くのが私の仕事です。金銭的余裕は多少あります。時間的余裕は結構あります♪　余裕があるので、ゴミュニケーションを開催しています。

前述したように、ゴミ拾いの書籍の読者たちと一緒にゴミ拾いして、カフェでお話をして、4時間くらい一緒に過ごします。時に参加者が言ってくれます。

「お金持ちで、本の著者で、こんなに4時間も時間を割いてくれる人いないよ。しかも、普通なら会える人じゃないんだから」

こうやって、ありがたいことに私を持ち上げて神格化してくれます（笑）。

参加者と一緒にするゴミ拾いも、セカセカやりません。

「純子ちゃん、疲れた？　じゃあ、今日はもうこのくらいにしようか♪」

こんな感じでゆるーくやっています♪　ゴミ拾い中も、

「普段は仕事何しているの？　名前は？　じゃあ、はなちゃんだね♪　私のことは、ひでたんて呼んでね♪」

こうやってゴミ拾い中にコミュニケーションをとります（笑）。すると、時々訊かれます。

「どうして、ここまでやってくれるんですか？」

「どうしてって楽しいからかな（笑）。肌が、合わない人なら、こんなにお話しません（笑）」

と私は答えます。合わない人と4時間も一緒にいたら、こちらが我慢してストレスになりますからね（笑）。

私がこんなに親切にできるのは、余裕という観点から言うと、金銭的余裕、時間的余裕、体

力的余裕、精神的余裕、全部揃っているからです♪　しかもゴミュニケーションに参加した人には、３３３円を差し上げます。朝食もおごっちゃいます、会社の経費で（笑）。私の広報活動の一環でもありますから。私も、ゴミュニケーションのようなアウトプットの機会があるから、自分の考えがまとまり書籍のネタができます。なので、**ありがたい機会なのです♪**

I love myself♪　で自家発電をして、余裕ができすぎると、ファーストクラスに乗る大富豪のように、自然と親切にできちゃう人になれるかもしれませんね♪　普段から自分の機嫌ばかりとっているから、エネルギーに満ちあふれ、皆さんに優しくできるということですね♪

そして、これこそが「大富豪マインド」なのかもしれません♪

上機嫌マネジメントとは？

自分で自分の機嫌をとること。それをかっこよく、上機嫌マネジメントと勝手に呼んでいます。上機嫌を自分で管理するということです。やることはいたってシンプルです。

１　自分の機嫌をウォッチする。上機嫌か不機嫌か。

２　不機嫌なら、なぜ不機嫌か思い当たる節を探す。

キーワードは3Gです。我慢、犠牲、義務がないか、それを見付ける。

3　そして、どうしたら上機嫌にできるかを考えて実践する。
キーワードはLTEと5Gです。

この上機嫌マネジメントを繰り返します。これを繰り返すと、自分の機嫌がどんどんよくなります♪

自分で自分の機嫌をとるスキルのことを、ライフスキルと私は呼んでいます。プリマベーラの社員には、こんなことを教えます。スキルには三つある。

一つ目がテクニカルスキル。技術的知識です。その業界で役立つ知識。例えば、古着のブランドの買取価格の知識や、プログラミング言語の知識。これは、古着屋やプログラミングなど特定の業界でしか使えない知識です。

二つ目が、ポータブルスキル。持ち運びできる知識です。これは、業界を超えて役立つ知識です。たとえば、情報を収集して整理整頓する技術、人のやる気を上げる技術などです。これなら、飲食店だろうが、製造業だろうが、コンサルタント業だろうが、充分に役立つスキルですね♪

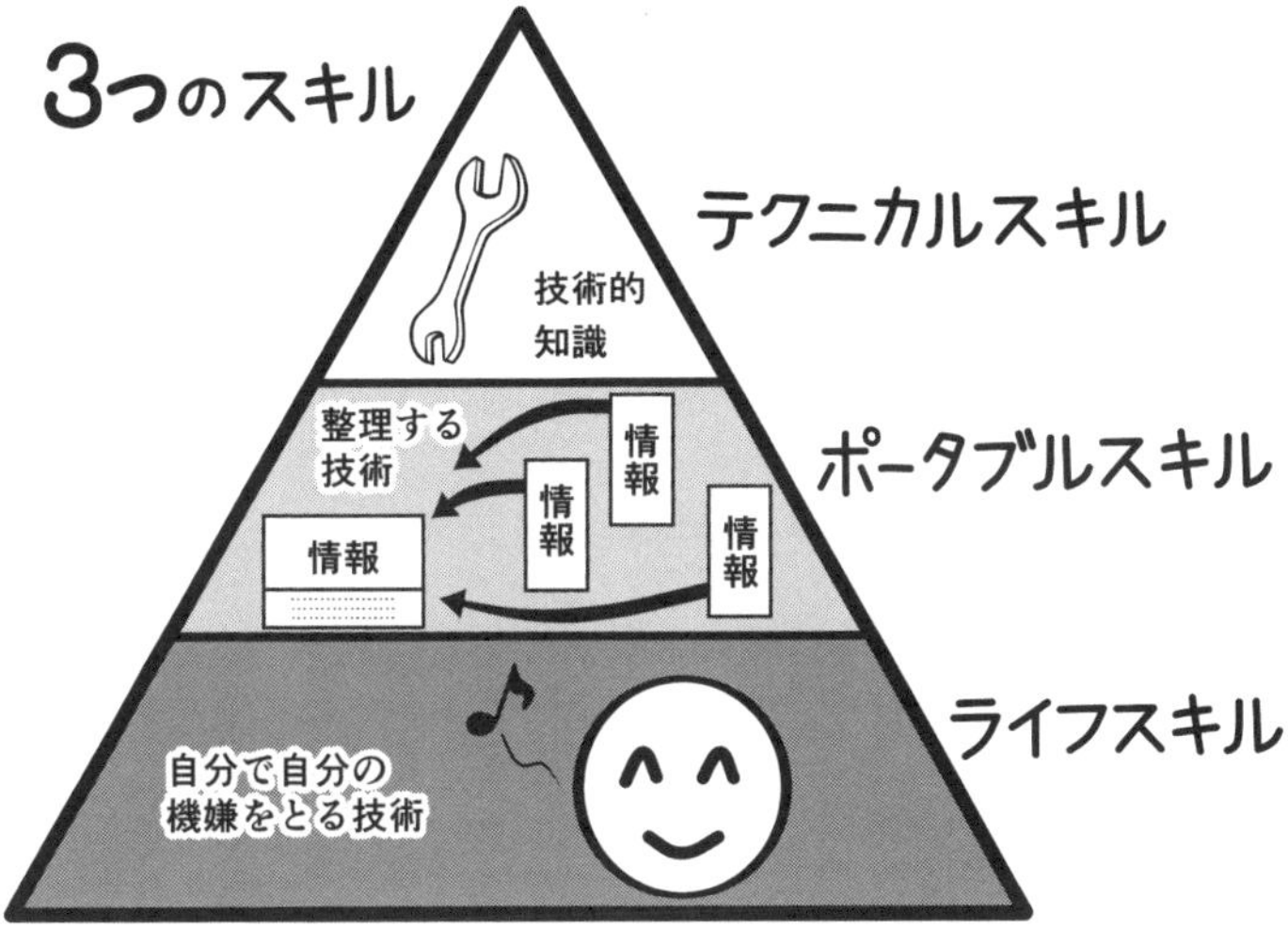

そして三つ目が、ライフスキルです。**どこの国に行ってもどんな時代でも、人として役立つ知識技術です。私はこのライフスキルの最たるものが、自分で自分の機嫌をとる技術であり習慣だと思っています。**そして、**ライフスキルが高い人が「人としての成熟性が高い」なんて言うのかも知れませんね♪　自分で自分の機嫌をとれる人は、誰かに依存したりしませんから。**

「現代人の必須科目は国語算数理科機嫌」、私の大好きな作家のひすいこたろうさんの名言です。ひすいさんとは、ツアーで一緒に、宮古島の海でウミガメを追いかけたご縁があります（笑）。会ってみると、とっても上機嫌で素適な人です♪

さて、上機嫌宇宙一を目指す私の提案は、突き抜けます（笑）。「機嫌機嫌機嫌機嫌」です。**とにかく自分の機嫌をとることだけを考える♪ このライフスキルを身につけたら一生モノです♪　どこに行っても、上機嫌でいられる確率が高まりますから♪　そして、それを人は、幸福な人生と呼ぶのかも知れませんね♪**

社会問題にかかわると不機嫌になる……

とある自己啓発のセミナーで、ある参加者が講師に質問しました。元格闘家でもあり、とある新興政党の党員さんで、いろいろ思い悩むことがあったようです。今の政治に対する不安、党内の亀裂に対する不安、社会問題に対する不満……。

「この現代の社会に対してどうお思いですか？」

講師への直球の質問でした。

講師の人が、おちゃらけて答えていたのですが、質問者の党員さんは満足できなかったようで、おはちが私に回ってきました。

「では、本日は、参加者の一人で、ゴミ拾い仙人さんがいるので、吉川充秀さんに訊いてみましょう」

みたいな（苦笑）。私も、お金を払っている参加者の一員だったのですが（苦笑）。

そこで私は、こう言いました。

「私がゴミ拾いをしているのは、自分のためにやっています。ゴミ拾いをすると気持ちがいい、そんな自分を誇れるから♪　ところが、多くの立派な人たちは、『道ばたのゴミは社会の病巣だ』と言わんばかりに、しかめっ面で、『このままでは日本はおかしくなる』なんて思いながら、ゴミ拾いをしています。**私がしているのは、『自分問題』の解決です。つまり『自分で自分の機嫌問題』をゴミ拾いで解決しています♪　立派な人たちがしているのは、『社会問題』を解決しようとしています。特に政治家は。そして、それは自分を不機嫌にしています。社会問題に携わると、不機嫌になります**」

懇親会の席で、質問者の党員の人に『ゴミ拾いをすると、人生に魔法がかかるかも♪』のサイン本をプレゼントしました。すると、この人はなんと、党を離党して、ゴミ拾い活動を始めました（笑）。今ではすっかりゴミ拾いにハマっています。自分で「ゴミュニケーション」を、私のマネをしてスタートしました。私は一円も特許料は、いただいていません（笑）。

また、フィールドワークで、ゴミ拾い仙人の私に話が聞きたい群馬県の高校の学生さんが、私に「ゴミのない社会にするにはどうしたらいいか」を時々訊きに来ます。私は残酷な結論を用意しています。「できません」と（笑）。それと同時に、こう伝えます。

「社会問題に関わると、不機嫌になるから関わらないほうがいいかもね♪」

社会問題の解決のためには、大抵の場合、政治家や役所に陳情に行きます。彼らは、「やります」と言ってやらない（笑）。「予算の都合で、できません」あるいは、たらい回しにされたり。

また、とにかく対応が遅い（苦笑）。仮に役所が動いてくれたとして、今度は、反対派が出てきます。彼らを説得したり、論破しあったりと、不毛な争いが起きます。こうやって、「我慢」や「犠牲」が募《つの》り、どんどん自分が不機嫌になっていきます。

もし、皆さんが上機嫌になりたいのであれば、社会問題は趣味として向き合い、自分問題、すなわち、「自分の機嫌問題」を解決することに全力を注ぐ♪　そんな生き方を私はオススメします♪

気分転換ならぬ機嫌転換♪

レジリエンスという言葉をご存じですか？　レジリエンス（resilience）とは、「回復力」などと訳される言葉で、「困難をしなやかに乗り越え回復する力」なんだそうです。さて、**ライフスキルとは、自分で自分の機嫌をとる技術だとお伝えしました。これはある意味、不機嫌に**

なったら、自分を上機嫌に回復させる技術、と言ってもいいかもしれません。

不機嫌だった自分を上機嫌にする、それをできるだけ短時間にする。すると、上機嫌でいられる時間が増えて、人生の時間の上機嫌割合が増えます。これを、私は「気分転換」という言葉になぞらえて「機嫌転換」と呼んでいます♪　そして、**この機嫌転換こそが、自分で自分を上機嫌にするライフスキルそのものです♪**

今まで「気分転換をする」と言っていた言葉を、「機嫌転換」と置き換えてみましょう♪

機嫌転換とは何か？　不機嫌から上機嫌への、パラレル転換（望む世界への転換）でもあります。自分の未来のパラレルワールドを、自分で自由自在に変えることです♪

不機嫌だった自分に気付き、不機嫌の種に気付き、自分で自分の機嫌をとる。それをすると、機嫌転換できます♪　不機嫌になったら、思いっきり、一度不機嫌を味わっちゃいます。そのほうが早く感情を昇華できます。怒りを感じたら、さっさと怒ってしまう。できれば、怒れる場所をつくって、怒る。相手にぶつけて問題なさそうな関係なら、ぶつけちゃう。そして、感情を昇華させて、ゼロに戻す♪

私が、妻に本音でモノを言うのは、言いすぎても関係修復できる自信があるから（笑）。そして、言い切ったら、さっさと謝ります（笑）。「私が悪かったから」謝るのではなく、妻の不機嫌が三日も続けば、その不機嫌で自分も共振して不機嫌になるから、自分のために、さっさと謝るということです（笑）。私を苦しめる全てのものから、守ってあげるために、謝るわけです（笑）。

自分に自信を持つ生き方とは？

「自信＝自己肯定感 × 自己効力感 × 自己有用感」、この三つのかけ算だと、よくお伝えしています。この三つの言葉は似ていますが、一つ一つ違います。

自己肯定感とは「自分のことが好きか」、「自分イケてる」と思えるかということです。

自己効力感は、「自分ができる」、「能力がある」と思えるか。

そして**自己有用感は、「自分がしていることが人の役に立っているのか」**ということです。

かけ算ですから、どれかがゼロだと自信がゼロになります。

では、自己肯定感を科学してみましょう。多くの場合、自分を好きになるのには、理由が必要です。「別に理由なんてない、とにかく自分が好き」とシンプルに思い込めればいいのですが、競争社会での比較に慣れてしまった私たちが、そう思うのはかなりハードルが高いように思います。

私の次女は、「自分可愛い、最高、ウーン♪」と自信満々で鏡を見ながら、ときめいています。

次女が「モテる」というエビデンスを一切聞かない妻は「ポジティブだよね」とあきれますが、単純脳の彼女でさえ、現実はそうは甘くないことを知っています（笑）。自分よりもモテる女子がたくさんいること、リア充な女子がいることを。**一見、スーパーポジティブに見える人も、心の中に人知れず、闇を抱えています。**

自分を好きになるには？

では、自分を好きになるにはどうしたらいいのでしょうか。それは、**「自分はこんなことができた、すごい」「自分はこんなに、人のお役に立てた」という自分を好きになる根拠をつくり、「自分は価値ある人間かも」と、少しずつ自信を取り戻せるように、リピートしていくことです。**

特に、誰かの役に立つことは大きいと言えます。これが、「自己有用感」です。仕事は、誰かの役に立つことの象徴です。だから、仕事でも自己有用感は多少養えます。が、仕事ではお金という対価をもらいますね。すると、「対価に見合ったお役立ちをしているのか」、「自分よりもあの人のほうが稼いでいるし」、こうやってまた比較が始まり、無意識に自分が審査官になって、自分の負けを宣告して、自分を好きでなくなります（苦笑）。**仕事でお役立ちをしているのに、自己有用感や、自己肯定感が醸成できないのは、お金という比較の尺度があるから**

です。結局、お金の世界では、比較による優劣がつきまとい続けるのです。

そこで、**私がオススメする究極の方法が、「一円にもならない、一見バカバカしいことを、誰かのためにやる」ということです。これがイチオシ中のイチオシ中のイチオシです♪**

私はそれを、ギバー（GIVER）習慣と呼んでいます♪

ギバーとは「与える人」ですね♪　他の誰かに自分の労力を差し出し、与えるのです。**私は、結構、自己肯定感も自己効力感も自己有用感も高いほうだと思います♪　その秘訣が、この「一円にもならないバカバカしいこと」を嬉々としてやっていることなのです♪**

一円にもならないバカバカしいことをする理由とは？

多くの人は、一円にもならないことはあまりやりたがりませんね。

「ゴミ拾いなんて、一円にもならないのに、やっても意味なくね？」「自分の家のトイレでもないのに、キレイにしたってしょうがないじゃん？」「食器なんて、カフェの人が片付けるじゃん？　放っておけばよくない？」

私がする行為を見て、多くの人が「意味があるのか？」と思うようです。多くの人は金銭という対価がなければやりません。仮に、金銭の対価がないとしたら、感謝という見返りを要求します。金銭という対価や感謝という見返りがあれば、やろうと思います。

こういう価値観の人を**マッチャー（MATCHER）と言います**。**「自分がGIVE（差し出す）したものと、同じ程度のTAKE（受けとる対価）を要求する人」**です。人口の6割から8割が、マッチャーだと言われています。が、私の基準では、99・99％の人がマッチャーです。

一方、**私の場合は、対価があろうがなかろうが、感謝があろうがなかろうが、一円にもならないバカバカしいことをします。なぜなら、それが自分の自己肯定感、自己効力感、自己有用感、ひいては自分への絶大な自信になることを経験則として知っているからです♪**

お金になることは、多くの人がします。それを上手にできる人、上手じゃない人で、優劣ができます。すると、そこで比較をして、自分でジャッジして、劣等感を植え付けられ、また不機嫌になっていきます。比較という**相対観でいる限り、自己肯定感は上がり切りません。そして、自信もつきません。ところが、一円にもならないバカバカしいことをする、というのは絶対観です。お金にならないから、比較のしようがありません。**いくらゴミ拾いをやってもゼロ円（笑）。そこに優劣はありません。またそもそも、自分のように、一円もならないことを嬉々としてする人間もほぼいませんから、**比較の対象もいないわけです（苦笑）。すると、絶対な自信が芽生えます♪　これが、私が自称、ギバーを超えたギバーの「スーパーギバー人間」として生きている理由です♪**

たった3時間でこれだけできるギバー行為♪

たとえば、群馬県太田市から、長野県の長野市のビジネスホテルまで移動するとします。私は太田駅に降り立つとトングを持って、ゴミ拾いをはじめます♪　電車の待ち時間の間に、50個ほどのゴミを拾います。太田駅はゴミが多い駅で有名で、ゴミには事欠かないのです（笑）。駅構内でもゴミがあったら拾って、手持ちのビニール袋に入れます。電車内でも気になるゴミがあれば拾います。

高崎駅のカフェでミルクティーを飲みます。席について紅茶を飲みながら仕事していると、飲み物の結露のあとが付いたテーブルが三つ見えます。そこでポーチに入っているマイふきんで、さりげなくカフェの店員さんごっこをして拭き取ります♪　ついでに、乱雑な椅子もまっすぐに整えます♪

高崎駅のトイレに入ります。手洗いが水浸しなので、マイふきんで、びしょびしょの水滴を拭きとります♪　長野行きの新幹線に乗ります。降りるときに、他のお客様が置いて行ったゴミがあれば拾って、ゴミ箱に捨てます。また、他の人が戻さなかった指定席のリクライニングを戻します。

長野駅でトイレに入ります。大のトイレを使うと、お店の貼り紙のラミネートの上に、汚れの跡があります。それを30秒かけて、ふんばりながら、トイレットペーパーでこすって、こそげ落とします（笑）。また、次の人が気持ちよく使えるように、床に落ちたトイレットペーパーの紙くずを拾います。そして、次の人が使いやすいように、２センチだけトイレットペーパーをペーパーホルダーから引き出しておきます♪　長野駅からビジネスホテルに歩いて向かいながら、またゴミ拾いをします♪

さて、たった3時間ほどの間で、一体いくつのいわゆる「善行」を行ったでしょうか？

こうやって、私は**毎日のように、いわゆる善行を、私ができうるかぎりコツコツやっています♪　何のために——？　他の誰のためでもない♪　全ては自分の上機嫌のために!!!　自分が気持ちよくなりたくてやっています♪　誇れる自分をつくるためにやっています。結果、それが人のためになっているということです。私がスーパーギバー習慣を行っているということは、シャンパンタワーの私のグラスを、満たし続ける行為なのです♪**

「三つの感」はスパイラル♪

また、三つの、自己肯定感、自己効力感、自己有用感は、お互いに影響しながら、他の「感」を上げていきます。

自己有用感が高まると、自己肯定感も上がりやすいのです。「世のため人のためになるような行為をする」（自己有用感）と、「自分を好き」（自己肯定感）になりやすいと思いませんか？

千葉県市川市の中学校に呼ばれて、全校生徒８６０人の前で講演をしたことがあります。その中学の教頭先生が、こんなことをおっしゃっていました。

「今の子どもたちが、自己肯定感が低いのは、教育の現場でたいへんな問題になっています。吉川さんのお話を聞いて、『ボランティアをする子どもたちは総じて自己肯定感が高い』という理由がわかりました」

YouTube
市川市の中学校での
講演動画

自己有用感が上がると、自己肯定感も上がりやすいということです。

また、自己効力感が上がっても、自己肯定感が上がりやすい。「自分はできる」と思えると、「やっぱり自分ってイケてるんじゃないか」と思えるようになります。**自己効力感は、「できました、できました、できました」**

と自分で口癖にしたり、習慣化による「小成功」を積み上げることにより醸成されます。「小成功」とは、小さなことを積み上げることです。「ゴミを拾う」、「トイレットペーパーを2センチ引き出す」、「洗面台をさっと拭く」、そんな小さなことを積み上げてみてください。**自己効力感はリピート回数が多いほど、醸成されていきます♪**

自分で自分に感動できる生き方♪

結局、自信とは、「自分は人様の役に立っているし（自己有用感）、大抵のことはできる（自己効力感）、そしてそんな自分がイケてる（自己肯定感）と思う」——。こう思えることなのかも知れません。**「自己肯定感　×自己効力感　×自己有用感」この三つが掛け合わさって、ホンモノの自信になる**のかもしれませんね♪

別の角度から見てみます。自己効力感なき自己肯定感は、もろいと言えるかもしれません。「自分が好き、イケてる♪」と思える根拠が「自己効力感」です。そして、自己効力感が高すぎても、自分のやっていることがお役に立ってないと、罪悪感を感じます。投資のセンスが抜群で、投資で散々稼いできたけれど、稼いだお金が世のため人のために貢献できている実感がない、なんてことが、時に起こり得ます。お金持ちが、寄付をするのは、三つの感から説明できますね

♪

「自分で稼いで（自己効力感）、人様のお役に立てている（自己有用感）、自分が好き（自己肯定感）」、こうやって自信をますます高めていくのかもしれませんね♪

そして、この「三つの感」をスパイラルで上げていくと、揺るぎない自信になります♪　私がゴミ拾いをする理由、一円にもならない人知れずの親切をする理由がおわかりいただけたでしょうか？

そして、**こんな「スーパーギバー」の生活を送っていると、時々そんな自分に感動して涙が出そうになります（笑）。何かに感動できる人生は素適です♪　でも、自分で自分に感動できる人生って、これ以上素適なことはないのかもしれませんね♪**

Mrs. GREEN APPLEさんの『僕のこと』の冒頭に、「僕と君とでは何が違う？」という部分があります。

私が多くの人と比べて、何が違うかと一つ言われたら、「スーパーギバー習慣をしているか、していないか」ということが一番かもしれませんね♪　私がしていることは、「誰もができる、一円にもならないバカバカしいこと」です。皆さんが、今日からすぐにできることです♪　ホンモノの自信を皆さんの手に♪　自分で自分に感動できる人生を送れたら、素適ですね♪

第3章

習慣を科学する♪

習慣をＤＷＭＹで分類してみる♪

さて、習慣を語る上で外せないのが、「ＤＷＭＹ」この4文字のアルファベットです。

これは、
Ｄ＝デイリー（ＤＡＩＬＹ）日単位の習慣。

Ｗ＝ウィークリー（ＷＥＥＫＬＹ）週単位の習慣。

Ｍ＝マンスリー（ＭＯＮＴＨＬＹ）月単位の習慣。

Ｙ＝イヤリー（ＹＥＡＲＬＹ）年単位の習慣の略です。

習慣を頻度に応じて分類するという発想です。**結果を出すのも、上機嫌になるのも、どちらも、このフレームワークをもとに考えると、アタマが整理されます♪**


「私はゴミ拾いをしているけれど、吉川さんみたいな境地にはならない」

そんな声をいただきます。**その違いは、恐らく頻度の問題です**。ゴミ拾いの頻度も、こんな風に分類できます。


年一回の地元の一斉清掃で、里山をゴミ拾いする、これがＹの習慣です。結論を言うと、**頻**

度が少ない習慣ほど効果は弱くなります。つまり、結果が出づらい、上機嫌になりづらいということです。

月一回のゴミ拾いのボランティアで、ゴミ拾いをしている、これがMの習慣です。月に一度のゴミ拾いをしたときには、「気持ちいいなあ、いいことしたなあ」と思いますが、これも自己肯定感や自己効力感、自己有用感に与えるインパクトは大きくありません。月に一回ですから。それよりも、「週末だけゴミ拾いをしている」という人のほうが、ゴミ拾い効果は上がります♪

毎朝ゴミ拾いをしている人がいます。DWMYの中では、もっとも効果を感じられます。毎朝、気分がよくなり、「自分ってなんて素適だーー」と思える回数が月一回のゴミ拾いの30倍です♪

「吉川充秀さんは、毎日ですよね？」と言われますが、私の場合は実は、もっと頻度が高いのです。

習慣をさらにSMHDWMYで分類してみる♪

実は、日単位の習慣D（デイリー）の毎日習慣をさらにミクロに分解することができます。

H＝アワー（HOUR）毎時習慣。
M＝ミニッツ（MINUTE）毎分習慣。
S＝セカンド（SECOND）毎秒習慣。
この三つです。

私は、旅行に出かけると、歩くたびにゴミ拾いをします。一日10セットのゴミ拾いをすることもざらです。毎朝一回ゴミ拾いをしている人の十倍の頻度でゴミ拾いをしています。これがH習慣です。「数時間に一回、一日に数回」ということですね♪

私は平均すると一日5セットほどゴミ拾いをしています。だって、外を歩くたびにゴミ拾いがはじまりますから（笑）。すると、**一日一回の人よりも5倍、自己肯定感、自己効力感、自己有用感を感じて生きているということになります。そして、そのたびに、自分の心の針が上機嫌に振れていくということです♪**

『ゴミ拾いをすると、人生に魔法がかかるかも♪』という本を書いてから、ゴミ拾いを、結構な人がやり出しました。しかし思った通りの魔法がかかってないのは、この頻度です。**結局、習慣はリピートです。リピート回数がモノを言います**。もし、感謝を感じたいというのであれば、年一回のお彼岸の日のお墓参りよりも、月命日にごとに12回お墓参りしたほうが、感謝の念がわきます。それよりも、毎日神棚や仏壇に手を合わせることのほうが、効果があります。さらに、それよりも一日三回の食事で感謝をするほうが、頻度は3倍に増えます。それよりも、一日50回飲み物を口にしながら感謝する習慣のほうが頻度が高い。そして、それよりも毎秒の呼吸を、感謝呼吸に変えるのがもっとも効果が高い（笑）。

ＳＭＨＤＷＭＹ（秒・分・時・日・週・月・年）の、上に行くほど、習慣としてのインパクトは大きくなります。ちなみに、お墓参りなどの感謝習慣は、私はどれも行なっていません（笑）。一例で挙げただけです（笑）。

私のオススメ中のオススメ中のオススメの毎秒習慣があります。それは、「自分が上機嫌か不機嫌かをウォッチする習慣」です♪　これは毎秒です。

前述した通り、上機嫌ならＯＫ、スルーです。不機嫌なら、原因を特定して対処します。これにより、上機嫌でいられる時間が劇的に長くなります。上機嫌になる習慣の一丁目一番地はこれです♪　心の針が上機嫌に振れているか、不機嫌に振れているかをウォッチ（毎瞬注意深く見る）する。**この上機嫌マネジメントの根本が、自分で自分の機嫌をとるもっとも効果のある習慣だと改めて言い切っておきます♪**

習慣を武器にする生き方、習慣の奴隷になる生き方

自分を変えようと思ったら、二つを変えることです。ものの見方、考え方を変えること、そして習慣を変えること。そして、後者の習慣のほうが、目に見える形であり行動パターンなので、思考パターンであるものの見方、考え方を変えるよりも、変えやすいという話をしました。習慣を使えば、自分の人生を**思った通りにデザイン**できます♪　スーパーギバー習慣を行えば、人が見て自分が見て**感動できる素適な生き方**をデザインすることができます♪　習慣は素晴らしい武器です♪

ところが、諸刃の剣で、**習慣の奴隷になっている人**も時々見かけます。たとえば、天気のお話。天気の場合は、大抵ネガティブな解釈をします。
「しっかし暑いねー、太田市は、昨日も37度でしょ?」「ほんと地球温暖化をなんとかしないと、たまったもんじゃない」

そんな会話になりがちです。**無意識に天気の話題を出して、自分を不機嫌にしていくパターンです**。私は、こういう人に話しかけられたら、愛想笑いだけして、同意もせず、やり過ごし

ます（笑）。ネガティブな人に同調せず、自分で自分の機嫌を保っているわけです。前述したように、**重たい波動のほうが引っ張る力が強いから、こうやって意図しないと、すぐに不機嫌ゾーンに陥ります**。

カナダに８日間旅をしたときに、お一人様の60代後半の日本人男性と一緒になりました。ニコニコしてとっても素適な人なのですが、お天気の話や、「あの橋は危ない。落ちたらどうするんだ」と安全性の話など、話を毎回ネガティブに持っていき、私に同意を求めてきます（苦笑）。最初は、うなずいていましたが、あまりに多いので、ニッコリしてウンともスンとも言わないでいたら、よほど、私がつまらないと思ったのか、翌日から、バスの座席を移動して、二度と私の近くに戻ってくることはありませんでした（笑）。**重たい感情に意図して共振しないのも、自分で自分の機嫌をとる生き方です♪**

無意識な習慣が、自分を不機嫌にしています。これが習慣の奴隷です。

こうならないためには、無意識の習慣を、自分の意識のコントロール下に持ってくることです。**「天気の話をするけど、上機嫌になるかな？」と自問できたら、習慣の奴隷から抜け出し、自分の人生を上機嫌にデザインできるようになります♪**

習慣を変えることで自分の射程圏を広げる♪

さて、習慣化をすることの最大の意義は何でしょうか？　それは、射程圏を広げるということです。たとえば、年収一億円にしたいと思っている、うちの社員さんがいるとします。彼の年収は500万円にしておきましょう。彼は、アタマでは「絶対やる、オレは吉川充秀を超える」と思っているかも知れませんが、実は心の奥深くでは、無理だと思っています。顕在意識では、「できる、やりたい」とメラメラ思い込もうと思っていますが、潜在意識では、「無理無理！　だって20倍だよ、いったいどうやってやるの？」とストップがかかります。この場合には、現実化は極めて難しいと言えます。**潜在意識は、本心です。本心では、「無理だ」と思っているのですから**。

では、どうしたらいいかというと、射程圏を広げることです。年収1億円は無理でも550万円はできる。50万円くらいは副業でなんとかできそうですね。そして550万円を達成したら、部長になって650万円になる。「部長になるには、自分のプライベートの時間を一日一時間、スキルアップに回そう」。すると1億円は無理だけれど、800万円は見えてきた。こうやって射程圏が少しずつ広がります。つまり、**習慣化してコツコツやり続けることで、自**

分の射程圏が広がるのです。「無理だ」と思っていたことが、少しずつできるようになります。

ところが、**イッちゃっている人も時々います。**群馬県伊勢崎市で美容室を経営している株式会社ＴＲＥＥの利剛広《としたけひろ》社長。彼は私と会ったときから１兆円企業を目指すと言っていました。出会ったときの年商は１億円です。「一万倍を、自分の生存中どうやってやるのかな？」と最初は冗談半分で聞いていたら、どうも本気です。

なので、私も本気で、「自分が１兆円を目指すなら、こうやるよ」というのを真剣にアドバイスするようになりました。彼は思い込みの力が強いので、できると思っている。ネジが数本外れている、イッちゃっている人です。ある意味、私よりもよほど、いい意味で「イカれて」います。ソフトバンクの孫正義さんも、きっとそうだったのかもしれませんね。

ちなみに孫さんの甥御さんは、弟と大学の同級生で、よく東京の駒場のアパートに遊びに来て、私も何度か会ったことがあります（笑）。

上機嫌習慣は続きやすい♪

さて、いよいよ次の章から、20年間の私の上機嫌研究で身につけてきた、具体的な上機嫌習慣をオンパレードでお伝えします♪　結果を出すための習慣は大抵が、我慢、義務です。なので、脳をだましたり、さまざまなテクニックが必要です。快楽と痛みだったら、痛みを伴うものが、結果を出す習慣の大半です。

では、**上機嫌習慣はどうか？　ずばり快楽です（笑）。上機嫌習慣は、実行すると気持ちがいいので、身につきやすい♪**　なので、上機嫌習慣を身につけるために、大脳生理学を持ち出したり、行動科学を持ち出したりなどの、テクニックはそれほど必要ないと思っています。

また、第1章でもお伝えしましたが、この本のエビデンスは吉川充秀です（笑）。不確かな、私以外の誰かの逸話よりも、確かである私や、私に近い家族の話をしたほうがより正確だと思っています♪

「この習慣を取り入れると、上機嫌になる♪」

「気持ちが軽くなる♪」

そんな実感をしながら、皆さんに必要な習慣を取り入れていただけたら幸いです♪

第4章

自分で自分の機嫌をとる具体的な習慣♪

1　自分で自分の機嫌をとる「言葉」の習慣♪

さて、ここからは具体的な上機嫌習慣を語ります♪　まずは言葉の使い方から行きます♪

言葉は、毎日、毎時、毎分、口癖によっては1分に何度も使いますね♪　SMHDWMYの、S（秒）、M（分）、H（時）、D（日）に当たります。**口癖は使用頻度も多いので、口癖を変えると、上機嫌になる確率がぐーんと上がります**。では早速、見ていきましょう♪

音符を使う♪

では、**言葉の使い方の習慣の一丁目一番地は何か？　それが音符「♪」です♪**

私の文章を今まで読んできて、他の書籍と違うことに気付きましたでしょうか？「♪」が異常に多い（笑）。前著のゴミ拾いの著書では、プリマベーラの従業員の若旅聡《わかたびそう》さんが、音符の数を、数えてくれました。実に370個の「♪」を見付けたそうです（笑）。今回の著書はそれをきっと超えていますね（笑）。そして、やたら「（笑）」が多い（笑）。それには深くて軽妙な理由がありますう♪

「幸せとは上機嫌である」と冒頭にお伝えしました。

では、**上機嫌を記号で表すとしたら何でしょうか？　上機嫌研究20年の成果から、それが音符のこの記号「♪」であることを突き止めました**（笑）。だから、この「♪」マークをオニのように、本書では多用しています♪　楽譜以外の書籍で、音符の数の多さは、恐らく世界一だと思います（笑）。

また、同時に、笑うことも、上機嫌につながりますね♪　だから、意図的に「（笑）」マークをたくさん使っています。**不機嫌になりそうなネガティブな話題になったら、「（苦笑）」マークをつけて、笑い飛ばしてしまいます（笑）**。

先述した通り、執筆しながら、私は時々ニヤニヤ笑います（笑）。パソコンで、文章を打ちながら、カフェで、危ない変質者のように笑っているのです（笑）。つまり、この本は、私の上機嫌で楽しいエネルギーを乗せた文章になっています♪

ありがたいことに、前著のゴミ拾いの本は、中国、韓国、台湾での翻訳出版が決まっています。かの地の、ポイ捨てが減れば、日本の湾岸に漂流するゴミが減るかも知れませんね♪　その翻訳出版される理由は、音符を含めた「著者の軽やかなタッチがいい」からなのだそうです（笑）。

音符マークはいつ使うといいのか？

私はＬＩＮＥでのやりとり、チャットやメールでのやりとりで、「♪」を多用します♪

これが、びっくりすることに、**仕事しながら「♪」をたくさん使うと、自分が上機嫌になるのです♪　つまり心が、音符のリズムのように軽やかに振れていきます♪　実は、音符マークを打つだけで、自分の機嫌転換をしているのです♪**

仕事で言えば、マルハラ防止にもなります。

上司が部下にメールで「了解です。」と送ることをマルハラと呼ぶそうです（苦笑）。なんでもハラスメントにするのは、なんとも言えませんが、気持ちはわかります。「了解です。」というこの返答は、「ひょっとしたら、上司は怒っているのでは？」という、あらぬ気遣いを部下にさせてしまいます。

そこで、プリマベーラでは、特に上司は「了解です♪」と送るようにしています♪　すると「あ、怒ってない、よかった♪」と部下も思えますね♪　こうやって、**相手を不機嫌にする確率が激減します♪**　この「語尾に音符をつけること」をマネしただけで、「社長が本当に変わった」と、社員さんからびっくりされた会社もあるほどです。

では音符マークは、何のために使うのか。他人のために使うのは、おまけです。ぜひ、自分のために使用して下さい♪　**自分を上機嫌にするために音符マークを意図して使う、これが基本です。機嫌転換のために使うのです♪**

初対面の人にも音符マークを使う♪

私は、ビジネスメールでやりとりをするときにも音符マークを使います♪　かや書房の編集者の佐藤さんとはじめてやりとりしたときも、音符マークのオンパレードでした♪　「オンパレード」ならぬ「オンプレード」ですね（笑）。相手が自分よりも目上の人にも、大企業の社長さんにも構わず音符マークを使います♪　「こいつ、ふざけているやつだ」と思われたら、そこまでのご縁だということですね（笑）。肌が合わないのですから。合わない人とは、最初からビジネスのお付き合いをしないほうがお互い住み分けてちょうどいい、と思えば上機嫌です♪　今までそんなことは一度もありませんが（笑）。

ＬＩＮＥやメッセンジャー、チャットには、絵文字があります。ところが絵文字は大抵の場合が機種依存、アプリ依存のことが多いので、使い分けをしないといけません。ところが、**音符マークなら、どんなインフラでも使えますね♪**

音符のリズムで話すと上機嫌になる♪

では、会話をどうするか？　**私は音符のリズムでお話をするようにしています♪　簡単に言うと、リズミカルに抑揚をつけてお話をする**ということです♪　すると他人も機嫌がよくなりますが、何より誰より自分の機嫌がよくなります♪　私がよく使う、「どーも⤴♪」という挨拶は、他の誰でもない、自分の機嫌をよくするためのイントネーションなのです♪

音は波動です。リズムも波動です。つまりエネルギーです。**自分の軽やかなエネルギーを、音符のリズムを使って発するというイメージです♪**　私は、軽やかな波動を放射する、というつもりで柔らかくて軽やかなリズムを使って、皆さんにお話をするようにしています♪

さて、この音符がなぜ、そんなに効果があるのか？　一日何回、句点の「。」のかわりに「♪」を打ちますか？　一日何回、音符のリズムで話をしますか？

音符の利用は、習慣を頻度に応じて分類したSMHDWMYのS（秒）もしくはM（分）にあたります♪　話すたびに、音符のリズムを使う♪　LINEで返信するたびに、音符マークを入れる♪　だから、**コミュニケーションをとるほど上機嫌になります♪**

もうこれは、体験してもらえばわかります。いや、体験しても気付きません（笑）。なぜなら、**まさか、言葉のリズムや音符がそんな効果があるなんて、皆さん信じていないでしょうから♪**

私も、「仕事をすると機嫌がよくなるなあ。それはどうしてだろう？」と思い、突き詰めた結果、知らず知らずのうちに使っていた音符マークのおかげだということに気付けました。従業員さんとチャットをするたびに「♪」をつけるから、自分がそのたびに軽やかに機嫌転換していくのです♪　取引先さんと会うたびに、音符のリズムで楽しく会話をするので、機嫌転換していくのです♪

私が、もしノーベル平和賞を取れるとしたら、この音符の効用を日本中、世界中に広めたことかもしれませんね♪　**マルやピリオドを日本中、世界中が「♪」に変えれば、全世界の皆さんの波動が劇的に軽くなります、きっと（笑）**。全人類の波動を軽くすることに貢献し、その結果、人の心を平和にした功績で、８００年後くらいにノーベル平和賞を受賞できるかもしれません（笑）。これをウソ８００と言います（笑）。

そしてたった今、こんな文章を長野市のカフェのタリーズさんで書いていたら、隣の年配の女性が「♪」マークが一杯の楽譜を開いていました♪　そんな素適なシンクロニシティに、また自分の心も「♪」まみれになってしまいそうです♪

ちなみにクイズです。この書籍に、何文字の「♪」があるでしょうか？

もし調べた方は、私へのファンレターと一緒に、回答を送って下さいね♪

当たっていたら、私と会う機会があったら、３３３円を差し上げます（笑）。

ゴミ拾い仙人
ホームページの
問い合わせフォーム

期待しないで楽しみにする♪

よく「期待してるね！」と言います。**期待とは、エゴです**。「自分の思い通りになってね」というエネルギーですから、相手をコントロールする方向に流れます。「期待」という言葉をできるだけ使わずに、別の言葉に置き換えることを、私はオススメします♪

それが「楽しみにする」という言葉です♪　同じように見えますが、微妙にニュアンスが違います。

期待は、裏切られることも多々あります。

「学校のテストで30番以内に入ると思って期待してたのに。全然だめじゃん！　53位？　ゴミ以下じゃん？　パパのトングで、つまんでもらいな！」

自分の子どもに期待をして裏切られると、こんな皮肉の一つも言いたくなりますね（苦笑）。

ところが、楽しみは裏切られません♪

「おっおー、53位だったのね。まあ、仕方ないね。て言うか、『ゴー、サンで、ゴミ』じゃん！さすが、ゴミ拾い仙人の娘！　面白い点数とってくるねー♪」

こうやって、楽しみに変えられます（笑）。つまり、結果が良くても楽しむ。結果が悪くても楽しむ（笑）。そんな**軽い決意の表れ**でもあります（笑）。

また、同時に**期待をされたほうは、プレッシャーになります。プレッシャーはストレス**です。「高い点数をとらないといけない」という義務になり、心の針は不機嫌のほうに振れます。もちろん、「期待に応えて頑張る！」というモチベーションに変える人もいますが。

しかし、問題は他人ではありません。**人に期待をするということは、同じように、自分にも期待をするという種がある、ということ**です。そして、それが無言のプレッシャーになります。**「自分はこうでなきゃ！」という期待を潜在意識下で自分にかけて、自分を追い込んでいるのです。**

そう考えると、**他人はおろか、自分すら上機嫌にしない「期待」というエゴの言葉は、自分が使う言葉から減らすといいかもしれませんね♪**　自分も相手も「無言の義務化」をする「期待」という言葉の代わりに、「楽しみ」を使えば、楽しいＬＴＥの現実をデザインできます♪

人を優劣で判断する言葉は使わない♪

「あの人は波動が高い」「あの人は波動が低い、低レベルな人間だ」。スピリチュアルに精通している人が時々使っているのを見かけます。**「高い」「低い」という言葉を使うと、そこで比較をして優劣をつけてジャッジしていることになります**。同時に、「波動が高いのはよいこと、波動が低いのは悪」。こんな信念をどんどん強化していくことになります。

私は、優劣をつけるような言葉をあまり使わないようにしています。私が使うのは、「波動が軽い」「波動が重たい」という言葉です。よりマイルドですね♪　軽い人は軽やかで上機嫌ですが、同時に軟派でフワフワしていると思われるかもしれません。重たい人は、しかめっ面をしていたり不機嫌な人が多いのですが、同時に硬派で言葉に重みがあると思われるかもしれません。**軽いのも、重たいのも、優劣ではなくて単なる「特徴」です。いい悪いの言葉ではありません**。こうやって、**普段から比較を離れる言葉を使うと、競争の中に身を置くことが減っていきます♪**

同じように、「人格者」という言葉も注意が必要です。**「人格者」とはモデルケースであり架空のイメージです**。辞書によると「すぐれた人柄で、気品の高い人」だそうですが、全員が感情を持った人間です。機嫌のいい時もあれば悪い時もあります。仮に人格者であろうと思えば、我慢、犠牲、義務で生きて、エネルギーバンパイア（エネルギーを吸い取る）になっていきます。

人格者像という架空の存在を、自分の対戦相手にして、自己嫌悪する必要はありません♪

人格者も陰では、不機嫌をまき散らしているかもしれないのですから（笑）。

形容詞と形容動詞を変える習慣♪

自分の現実は、ものの見方、考え方と習慣を変えればデザインできます♪　**ものの見方、考え方とは解釈です。解釈とは意味づけです。**ハエが飛んでいると、「うざい」と思うのが、ものの見方です。ところが同じ事象でも、ものの見方、考え方が変わると、現実が上機嫌になります♪　ハエが飛んでいるのを見て、「ハエが寄ってくるほど、私が作った料理は美味しいのね♪」こういう捉え方もできます（笑）。

では、ものの見方、考え方は何でできているのか。それを、上機嫌研究をして13年目くらいに気付きました。**ものの見方、考え方とは、形容詞と形容動詞でできているのだと。**形容詞とは、「い」で終わる言葉ですね♪　美しい、可愛い、面白い、楽しい、うざい、きもい、面倒くさい、やばい……などです。

一方、形容動詞とは、「だ」で終わる言葉ですね。だめだ、元気だ、素適だ、ブスだ、アホだ、あんまりだ……。

もし、**皆さんが楽しい上機嫌な人生をデザインしたかったら、楽しくて上機嫌な形容詞と形容動詞を使うことをしてください♪** なぜなら、人生は、ものの見方、考え方と習慣で変わるのです。**ものの見方、考え方を変えるのが形容詞と形容動詞です。そして、上機嫌になる形容詞と形容動詞を口癖習慣にしたら、人生は上機嫌に変わらざるを得ないのです（笑）。形容詞と形容動詞を変えるということは、ものの見方、考え方と習慣の二つを一挙に変えるという、珠玉の習慣なのです♪**

わが家の子どもたちの言葉を聞いていると、勉強になります。

「きっしょ（気色悪い）」「うざ（うざい）」「きも（気持ち悪い）」「ぶっさいく」「めんど（面倒くさい）」「最悪」「だる（だるい）」……。8割がた、不機嫌系の言葉を使っています（笑）。つまり、彼女たちの物事の解釈がこういう言葉なので、現実もそういう現実になります。鏡を見て、気色悪いニキビを発見して不機嫌になる。親はうざい。そのうざい親から何かを言われるたびに不機嫌になる。学校の勉強は全部面倒くさい。塾も面倒くさい。すると、面倒くさいと思いながらイヤなことをする人生を、知らず知らずのうちにデザインしているわけです。

私の結論は、形容詞と形容動詞だけは意図して、慎重に、自分の世界をデザインするものだと思って使うということです。 上機嫌系の軽い波動の言葉は、楽しい、うれしい、面白い、大丈夫、大好き、かわいい……などなどです。

不機嫌系の言葉をもし使ったら、使ったことに気付きましょう♪　そして、使ったあとにごまかすのがオススメです♪

「うわー、超うざ！」と言ったあとに、「言っちまった、ちょっと不機嫌になりそうだな」と思ったら、**「なんてね♪」とつけると、不機嫌をチャラにして上機嫌転換することができます♪**

また、不機嫌な形容詞、形容動詞を使うときも、その言葉に感情のエネルギーを強く注がなければ、自分自身が不機嫌にならずにすみます。

Ａｄｏさんの『うっせぇわ』という歌も重たい波動の歌ですが、感情を込めずに唄えば、ただの「歌」ですから（笑）。

「すごい」という形容詞の毒……

中小企業の経営者として、人をその気にさせるために多用していた口癖がありました。それが**褒めの３Ｓと言われる言葉**です。**すごい、すばらしい、さすが**。今でもこの形容詞、形容動詞はよく使います。ところが、一つだけ注意してほしい言葉があります。それは、「すごい」です。この言葉は意識していないと、たいへんな毒を自分に塗り込むことになります。ゴミュニケーションでいろいろな人と話すと、時々言われます。

「吉川さん、すごい！」

褒めてくれるのはうれしいのですが、そこでこんなことを訊きます。

「そのあとに続く言葉はありますか？」

「あなたはすごい」という言葉自体は素適ですが、「あなたはすごい」のあとに「〈私と違って……〉」という心の声が続かないでしょうか？　「自分を卑下するエネルギーが乗っていないですか？」と訊きます。すると「ハッ」とするようです。「確かに、そんな一面はあるかも」と。


「すごい」という言葉は上下関係をつくりやすいのです。

「吉川さんはすごい、私はすごくない」、「吉川さんが上で、私は下」、「やっぱり私はだめなんだ、へこむ……」。無意識に、自分でこういう思考をすり込んでいる可能性があるのです。自分で、自分自身とゴミ拾い仙人の私を対戦させて、私を勝者にしているようなイメージです（笑）。

私の提案は、「すごい」という形容詞を別の言葉に置き換えませんか、ということです。**「すごい」と言いそうになったら「素適」にする**。ちなみに、私がもっとも使う解釈は「素適」です♪　この書籍でも膨大な量の「素適」が今まで登場したと思います。しかも「素適」という文字は、「素敵」ではありませんね。「あなたは素のままで、自分の適したことをしたらいいんですよ♪」そんな意味合いも込めて、あえて「素適」と表現しています。「敵」という文字が入ると、また無意識に誰かと戦いそうになりますから（笑）。

こうやって、「素適♪」を口癖にすると、素適な世界が広がります♪　**自分の現実という世界は、形容詞・形容動詞であるものの見方、考え方と、口癖という習慣でデザインしているのですから♪**　そして上機嫌確率まで高まります♪

実は、私も時々、「すごい」を使います。「あんたが使ってんじゃん！」と突っ込まれそうですが、理由があります。

私の場合には、「あなた、すごいですね！」と言ったあとに「（まあ、自分もすごいんですけどね♪）」という意図が込められています♪　これなら、お互いが対等で気持ちのいい関係になれます♪　自分を卑下することも、変に卑屈になることもないですね♪

私も、いろいろな「すごい」人に会ってきましたが、その都度気付きます。全員素適だけれど、完全無欠のようなすごい人はいないんです♪　私も含めて♪「すごい」を言い過ぎて上下関係をつくりすぎると、どんどん自他同然というワンネスから離れます。一方、「みんな素適」と言えば、ワンネスに近づきます♪　繰り返しますが、**「すごい」は、比較をして優劣をつくりやすい、比較、相対評価の言葉です。**「どっちがすごい？」となりがちです。ところが**「素適」は、**

どちらかというと絶対評価の言葉です♪「どっちが素適？」と訊いたとしても、優劣にはなりにくいのです。比べたとしても主観の問題なので、あまり不機嫌に心が振れません♪　彼も素適、彼女も素適、自分も素適、オールマル♪　こんな柔らかい軽やかな解釈、意味づけの言葉です♪　**解釈に困ったら、「素適」と言ってみてくださいね♪　毎回「素適」と言っていたら、そのうち、周りがあきれて、解釈やジャッジメントを皆さんに求めなくなりますから（笑）**

「可愛い」を多用する♪

私の最愛の口癖が、「可愛い」です♪　これも形容詞ですね♪「ありがとう、愛してる」という言葉を口癖で言えればいいのですが、これを日常で使ったら、たいへんな誤解を生む言葉でもあります（苦笑）。伴侶以外にはなかなか言えません。「ありがとう」はまだしも、「愛してる」という愛を表現する言葉が、日本語では実に難しいのです。そこで、気付きました♪　**「可愛い」という言葉には、「愛」が含まれているということに♪　だから、この言葉を多用すると、愛の人に近づけます（笑）**。

「広瀬すずちゃんも浜辺美波ちゃんも可愛い♪」のように、見た目が可愛い場合にもちろん使

ブログ
新井英雄さんの
写真ページ

えますね♪　声や性格にも「可愛い」という形容詞は使えますね♪　忘れモノをした長女にも「可愛い」が使えます。「ほんとばかだよねー、自分で上履きを用意しておいて、忘れていって」と妻が言ったらすかさず、「凛子《りんこ》、可愛い♪」と私は言います♪　売場作りに夢中で、中年の男性社員のジーンズがずり落ちて半分お尻が出ている。「きしょい」と言っちゃいそうですが、これも可愛い（笑）。「ザ・男」の、こわもてな、弊社社長の新井《あらい》英雄《ひでお》さんも、「笑顔が可愛い」（笑）。そして、何より自分自身の私が可愛い（笑）。「可愛い」を自分に使うことで、「I love myself♪」が体現できます（笑）。可愛いと解釈する人には可愛い世界が表出します♪

皆さんが可愛らしい世界をデザインしたければ、「可愛い」を多用してみてくださいね♪

相手の言葉への第一声の反応を変える♪

子どもから、妻に電話が来ます。見ていると、妻の反応が面白い（笑）。一番、多い反応が「は!?」です。そのあとには、詰問が来ます。「どういうこと?」、「だって、そっちが悪いんでしょ！」。こうやって子どもと一緒に不機嫌になっていきます。

子どもたちとの会話もまた面白い（笑）。一番多い反応が、「は!?　なんで??」です。このあとに、これまた詰問がやってきます。

「なんで、咲蘭のジュースだけないの？　咲蘭も、飲むって言ったじゃん！」

このあと、妻も子どもたちも、不機嫌スパイラルに陥ることは火を見るより明らかですね（苦笑）。そんなことを言っている、私もたまには使ってしまっています。だって、人間だもの♪

ですが、私はこの第一声を意図して変えます♪　**通常の反応は「ほう⤴」です**。プラスでもマイナスでもなく、**中立な感情で冷静に聞いています、という意思表示**です。それでも「⤴」のように尻上がりに言うので、心の針は少し上機嫌に振れます♪　イントネーションもまた波動ですから。

知り合いの方が亡くなったら、「えええ？」となりますね。「なんでー？　まだ若いのに、かわいそうに。子どもだっているのに……」と共振して、どんどん重たい感情になります。**私の場合は、「あらま」を使います**。

「うちの貴金属店に、また強盗が入りました」というニュースを聞くと、通常は、「はあああ？　また？」と反応し、このあと不機嫌な言葉が続きます。「だから、言ったじゃん、防犯対策が甘いんだよ！（怒）」。

私がよく使う第一反応は、「おっおー」です（笑）。

お気づきでしょうか？　**「ほう⤴」も「あらま」も「おっおー」も、全て、肯定とも否定ともつかない、不思議な第一声です。そして、これこそが、自分で自分の機嫌をとる、第一反応なのです。**不機嫌は大抵、外界からもたらされます（苦笑）。外界はストレスフルです。外の情報につながるほど、不機嫌に心が振れていきます。

「トランプ大統領候補が暗殺未遂だって！」「**はあ？　まじ??**　ていうか、民主主義の世の中で、暗殺未遂って、やばいだろ？　アメリカも日本も終わってんな、まじ世界が腐ってる……」。こんな不機嫌スパイラルになりそうですね。

私が、「ほう⤴」や「あらま」、「おっおー」などの中立的な反応を使っているのは、**次への不機嫌ジャッジメントを自動化しないためです**。つまり、外界の出来事への第一反応で、次の自分の現実が決まります。自分のパラレルワールド（望む世界）の一番最初をつくるのが、第一反応なのです。

この中立の反応を使うと、自分の機嫌を、重たい不機嫌に引っ張って行かれないように、次の言葉を選べます♪

「あらま、命に別状はなかったの？　それはよかった♪　トランプさんが、手を突き上げた？　英雄になったねー♪」

テレビを観ていると、私たちの感情を揺らすニュースがたくさん流れます。**ニュースを見る**

と暗い気持ちになりがちです。ですから、その時に「脊髄反応」をしてしまわずに、第一反応を、意図して変えることをオススメします♪　全ては自分で自分の機嫌をとり、望む人生をデザインするために♪

自他の自由を促す口癖「いいんじゃない?」

私が経営する株式会社プリマベーラで、女性コンサルタントの伊坂光恵《いさかみつえ》さんが、240万円のマーケティングの研修プログラムを私にプレゼンしました。一生懸命プレゼンしたあと、「こんな感じなんですが、いかがでしょうか?」と彼女に言われて、一言こう言いました。

「いいんじゃないですか♪」

そう答えたら「かるっ!」と一笑されちゃいました（笑）。「いいんじゃない?」は関西弁で言う「ええんちゃう?」ですね♪

妻から、「次のシンガポールの旅行なんだけど、ここに泊まろうと思って。どう思う?」と訊かれたら、

「ほう⤴いいんじゃない?」

「カルティエの時計なんだけど、こっちのほうがいいんだけど、こっちは7万円高いんだよね、

どう思う？」

「いいんじゃない？」

「子どもが、学校やめて働きたいって言ってきたら、どうする？」

「おっおー、まあ、いいんじゃない？　彼女の人生だから」

こんな、のらりくらりな回答をしていると、「こいつに何を相談してもムダ」と思われて、人から相談されなくなります（笑）。すると、膨大な時間が浮きます♪

私は自分に緩くて甘いので、人にも緩くて甘いのです。経営者時代は、時に、厳しい側面も演出していました♪　あくまでも演技ですが（笑）。


人は全て自由意思を持っています。だから、自分で自分のことを決めて、その結果は本人が受け入れる。それが責任です。自分で選んだのだから、結果がどうあれ、受け入れるしかありません。責任は当の本人しか取れないのです。

こう思っていると、ほとんどの案件は「いいんじゃない？」で済ませることができます。もちろん、時には意見するときもあります♪　その場合も、「自分だったら、こうするかな」と自己表現をして、「まあ決めるのは、あなただけど」と言って、**本人の自由意思を尊重します。**

だから、私のアドバイスを聞こうが、聞かなかろうが、私は不機嫌になりません（笑）。

相手の自由を制限することは、自分の自由をも制限する生き方になります。自他の自由を尊重する生き方がＬＴＥの生き方です♪　だから、自分が不機嫌になることをそもそもあんまりしません（笑）。「いいんじゃんない？」という言葉は、人に向けてだけでなく、自分に向けた言葉でもあります♪　そう自分に緩く優しくすると、ますますリラックスできて、上機嫌になれますね♪

一人称を変える♪

私は自分のことを家では、「ひでたん」と呼んでいます♪　愛称で呼びます♪　これも自分で自分の機嫌をとる呼び方です。自分を「オレ」と呼ぶ人と、「ひでたん」と呼ぶ人、どちらが痛いでしょうか？　「ひでたん」ですね（笑）。

ではどちらが、上機嫌そうでしょうか？　オレという人は「ザ・オレ流」があって、堅い生き方をしているイメージがあります。そして、我《が》が強そうな感じがしますね。かっこつけてる印象も受けます。私が自宅でたまに「オレ」と言うと、「どしたん？」と訊かれます。私のキャラクターと呼称が合わないようです（笑）。

「この歳にもなって、自分のことを愛称で呼ぶなんて、あほみたい。アタマおかしいと思われるからやめたほうがいいよ」

妻からも当初は、そう言われていました。一方、妻の一人称は「おいら」でした。自称、「男前な貧乏セレブ」です（笑）。妻は、もともと軟派な男が嫌いで硬派が好きでした。

ところが、吉川充秀のように軽い男と一緒にいて、彼女もアタマのネジが緩み始めました。そしてついに、結婚して16年後に、自分のことをあろうことか「さちたん」と呼ぶようになりました。あれだけ、浜崎あゆみさんが「あゆ」と自称するのを「無理」といっていた人間が「さちたん」ですよ（苦笑）。

軽やかな言葉を使って波動を軽くしていると、それを見て、人はハートが楽しそうと思って共振します。その結果、私の軽妙な波動が共振して、硬派好きな佐知子さんが、「さちたん」になりました♪

さて、自分を愛称で呼ぶと、ますます自分を可愛く素適に思えます♪　だって「愛称」ですから♪　ちなみに、会社の社内研修のときには、私の一人称はあえて「吉川さん」とよく言っていました。銀座まるかんの創業者の、斎藤一人《さいとうひとり》さんが、自分のことを「一人さん」と呼んで、自分を可愛がるのと同じです。**自分への敬意、愛を示す愛称を、ご自身の生活に取り入れたらいかがでしょうか？**

ドナドナという歌があります。「かわいい子牛、売られてゆくよー♪」というメロディーに合わせて、よく「かわいそうなひでたん♪」と歌っています。家族からひどい扱いを受けたときに、おおげさに歌います。

これは怒ったり悲しんでいたりするのではなくて、**歌にして感情を出して、歌い飛ばしているのです。こうすると、不機嫌から上機嫌に機嫌転換ができます♪**

また、誰も褒めてくれないけれど、なんて素適な父親だと思ったときには、「世界で一番優しいお父さん♪　その名は吉川みつひでくん♪」と歌っています♪　**自分で自分を褒めるのに気まずい時には、こうやって歌にしてユーモアに変えて自分を認めるという技を使ってもいいですよね♪**　私をマネして、妻まで、子どもたちから理不尽な扱いを受けると「かわいそうなさちたん♪」といって、感情を昇華しているようです♪

商業高校の先生をしている沖縄の知念毅《ちねんつよし》さんとは、沖縄のマジカルツアーというご縁で出会いました。とっても繊細で素適な人です。彼が、人生に迷っていて、夜中に時間もあったので、ツアーの参加者何人かでお酒を飲みながら、部屋で彼の相談に乗っていました。そこで、こんな提案をしました。

「知念さんは、自分のことを何て呼んでるかな？　自分はね、ひでたん、とか、ひちんって、自分のことを呼んでるよ。そう呼ぶと、自分のことを抱きしめたくなるくらい可愛く思えることもあるよ」。そのアドバイスを受けとって、彼は自分を「つよぽん」と呼ぶようにしました。「つよぽん」と自分に呼びかけて対話をしたら、涙が止まらなくなったそうです。きっと、自分を大切にしていなかったのでしょうね。これを機に、吹っ切れたようで紆余曲折はありましたが、今は「つよぽん」らしさを取り戻して、元気に暮らしています♪

YouTube
ほっこりする、つよぽんの息子のチャンネル

また、私は昔、妻のことを「さち」と呼び捨てにしていました。彼女を「忠犬さち公」だと思い、4歳年下だということもあいまって、上から目線で見ていたのは事実です（苦笑）。それが今では、「さちこさん」と呼んでいます。**相手に敬意を表そうと思ったら、呼び方から変えるといいかもしれませんね♪** おかげで、夫婦関係も結婚17年ですが、なかなかラブリンコです♪

2　自分で自分の機嫌をとる「カラダ」の習慣♪

二番目は体の使い方です。言葉を変えたら、カラダの使い方を変えて、形から入り、心を変えられます♪　私が実際に使っている、もしくは、使ってきた習慣をお伝えします♪　たとえば、自信がない人は、胸を張ってみてください。自信が出ます♪　やる気がない人は、顔を上

に向けてみて下さい♪　やる気が少し上がります♪　このように、カラダの使い方と自分の心の状態、すなわち機嫌は密接に関係しています♪　意図してカラダの使い方を変えて、自分の人生を自由自在に上機嫌にデザインしてみましょう♪

笑顔を作る習慣♪

私はおかげさまで、「笑顔が素晴らしい」とお褒めいただきます♪　上機嫌の時間が多いから笑顔になりやすいという側面もありますが、実は、これは努力の賜《たまもの》です。

２００５年当時、31歳の頃は、自称「鉄仮面」でした。とくに会社では、感情を出すのは格好悪いと思って、クールを装っていました。それが、ある時、笑顔日本一を目指している会社の社長に出会います。その男性社長は、ニコニコ笑顔で、従業員さんからの人気も絶大でした。「自分もこんな社長になりたい！」と思うようになり、人知れず笑顔の練習をはじめます。それが、とある雑誌で見かけた「ウンパニ体操」でした。どんな体操か、動画をご覧くださいね♪

このウンパニ体操を、習慣化しました。**習慣化のポイントは、「ながら習慣」にすることです。**「トイレに入りながら、ウンパニ体操をする」のように、**二つを同時に行うことで、習慣の定**

YouTube
ウンパニ体操の動画

着確率は4・3倍に跳ね上がります。当時は、自宅の洋式トイレで、立って用を足していました。そして壁には「本気のウンパニ体操をする！」という貼り紙が貼ってあります。

用をジョロジョロと足しながら、

「ウーーー」「ンーーーー」「パーーーーーー」「ニーーーーーーー」

とやるわけです。全身でウンパニ体操をするので、カラダが揺れて尿が飛び散ります（苦笑）。この習慣で、尿を床にこぼして、何度妻に怒られたことか……（苦笑）。

それだけ、血と涙がほとばしる思いで、もとい、尿がほとばしる思いをして、苦節3年で、手に入れたのが私の作り笑顔です（笑）。

作り笑顔で機嫌転換♪

この作り笑顔をマスターしてからというもの、ものの0・1秒で同じ作り笑顔を瞬時にできるようになりました。人と会えば、反射的に作り笑顔を作ります。家族以外には（笑）。これにより、「吉川さんは『いつも』笑顔ね♪」と、お褒めいただくようになりました。ところが、時に勘のいい人は見抜きます。「でも、目が笑ってない」と（笑）。作り笑顔初期の頃は、時々突っ込まれました。また、役職柄あちこちで集合写真を撮りますが、今のところ34戦全勝です♪　作り笑顔ですが、その笑顔のレベルで負けたことはありません（笑）。ちなみに、笑顔日本一を目指している会社のパーティーの集合写真でも、私の笑顔が一番でした♪

笑顔は、相手にもちろん好印象を与えます。良好な人間関係を築く上でも重要です。ですが、**上機嫌の観点で言えば、もっとも大切なのは、笑顔をすることで、他の誰でもない、自分の感情を上向きにできるのです**。とくに、笑顔と言うより、**ポイントは口角を上げることです♪**

私が描く「ニッコリ」笑顔も、「ほっこり」笑顔もどちらも、口角が上がっています♪

さて、笑顔習慣が身につくと、不思議なことに気付きます。家に一人で一日いると、笑うことが激減します。人に会わないので、ニッコリ笑顔も作りません。すると、「今日は、なんだか、あんまり機嫌が上向かないなあ」と感じます。

コンビニの店員さんと会って、口角を上げて笑顔。道ですれ違って、ご近所さんと、「どーも♪」と一言だけ挨拶して笑顔。**一日に、笑顔になる回数がゼロということは、笑顔による機嫌転換が働かないというメカニズムになるのです。**

鏡を置く習慣と自撮りをする習慣♪

そのことに気付いて、自分の寝室、書斎、オフィス、トイレ、トレーニングルームに鏡を百均ショップで買ってきて、たくさん設置したこともあります。**鏡を見た瞬間、笑顔を反射的に作ります。すると、機嫌転換になり、機嫌が上向きになり、上機嫌の時間が何分か続きます♪**笑顔による機嫌転換をしたい方はトライしてみて下さい。鏡を見て反射的に笑顔にならない場合は、鏡のフレームに「笑顔を作る♪」と貼っておくといいですね♪

最近の**私のマイブームが、自撮りです♪**　旅をしながら、日本各地、世界各地でゴミ拾いの写真を今まで撮り続けてきました。もちろん、風景写真も撮影します。ある時、気付きました。自分の写真が少ないことに。そこで、日本や外国の世界遺産でゴミ拾いをしたら、自撮り写真を撮るようにしました。私のゴミ拾い仙人ブログにアップするので、ブログネタにもなりますから♪　「ついにカンボジアの世界遺産、アンコールワットでゴミ拾いをしてきました♪」みたいなブログを書くわけです。

そして、調子に乗って、自撮りでニッコリ笑顔をして写真を撮るのをどんどん増やしました♪　旅に出ると、一日十回くらい自撮り撮影します。そこで、気付きました。

「普段に増して、どうして機嫌がいいんだろう?」と。ズバリ、自撮りをすると、反射的に口角を上げて、作り笑顔になります♪　そして、笑顔になると、その笑顔になった上機嫌をその

あと何分かにわたって引きずるのです。それを、一日十回もしたら、ルンルン上機嫌状態を繰り返し意図的につくれるわけです♪

これが、まさかの自撮りの効用です♪　若い女の子は、可愛く見せるために目を大きく見開いて、アヒル口をして自撮りしますね。それも素敵ですが、かっこよく見せたり、可愛く見せたりは、そんなに機嫌が上向きに振れません。そこに「可愛い、可愛くない」などの比較の要素が入りやすいからです。**作り笑顔による機嫌転換を、用もないのに自撮りしてパシャパシャしてみてください♪**　もちろん、ＳＮＳなどにアップする必要は一切ありません（笑）。

カラダを小刻みに動かす習慣♪

人間は波動でできています。物質を無限大の反対の、無限小まで分解すると、わかることがあります。物質はマボロシだったと……。原子、電子、素粒子、それ以下の物質と言われるものを細かくしていくと、最後は「空《くう》」になります。それが波動エネルギーです。「気」とも言いますね。ここでは、人間の体は波動エネルギーでできているという前提でお話をします。波動ということは、波を打っています。私たちの感情や機嫌も心拍数も波を打つように、波動も波を打ちます。つまり、私たちは**常に微細に振動している存在だ**と言えるでしょう。

さて、幼稚園に入り、小学校に入り、「静かにしなさい」「お行儀よくしなさい」「じっとしてなさい」と、私たちは身体の自由を奪われていきます。これは、**動物であり振動体である私たちには、たいへんなストレスになります**。

たとえば、私もこの本を書くために、じっと座って数日間にわたり、10万文字以上の原稿を打ち込んでいますが、たいへんなストレスです。毎週国内旅行、毎月海外旅行をして、一日に1万歩、２万歩は当たり前で動いてきた人が、一週間も二週間も一日１５００歩しか歩かないで、ホテルの部屋で缶詰になって、原稿を書くのですから。特に少しネジが外れている私には、なかなかの苦行です。**そんな私のストレスを和らげてくれる習慣があります。それが、ガムを噛むことです**。

私の友人の知り合いの歯医者さんによると、

「ガムは噛まないほうがいい、歯がボロボロになるぞ」

と言いますが、強く噛みしめなければ私の体験上、何の問題もありません。**体をじっとしないといけない代わりに、ガムを軽く噛むことによりカラダを小刻みに振動させ、ストレスを軽減させるわけです**。ちなみに、今回の本の執筆中、ガムを一日４個くらい噛んでいます。そのくらい、じっとした姿勢でいることは、本来ストレスフルなわけです（苦笑）。ちなみに、ガムは一度噛むと２時間は同じガムを噛んでいます。私のオススメはクロレッツです♪　味が長持ちします♪　14個入りで160円前後です。一粒11円でストレスを減らすことができたら、こんなにコスパのいいストレス解消はありません（笑）。**噛む行為は毎秒です。だから、習慣としての効果も地味に見えて、たいへん大きいのです♪**

ガムを噛まないときは、どうやってストレスを逃がしているかというと、貧乏揺すりです。

テレビ会議など人が見えないところで、ストレスを消すために、足を小刻みに動かします。ちょうど、**電化製品の電気をアースで流すようなイメージです。**

「貧乏揺すりは、やめなさい」と、子どもの時からしつけられましたが、それはストレスを緩和させるための生理現象だと考えたらどうでしょう？　意図して、貧乏揺すりをして、我慢しないといけない状況を、少しでも緩和させてあげられるといいですね♪

着る服を変える♪

では、**カラダの使い方の習慣の一丁目一番地はどれでしょうか？　ずばり、着る服です！**

着る服については、個人的に実験を繰り返し、科学の中の科学をしてきました。全ては自分の上機嫌のために（笑）。**基本的な考え方は、リラックスできる服を着ると、上機嫌に心は振れやすいということです。**ですから、上機嫌確率をあげたいなら、リラックスできる服を着る

ことをオススメします♪

リラックスの反対はストレスです。ストレスの直訳は、「締め付ける」です。その締め付ける服の代表は何でしょうか？　それが、スーツです。男性なら、特にネクタイ！　男性の首を絞めるわけですから（笑）。私はスーツを着たくなくて、セレモニーにつぐセレモニーを片っ端からお断りしています。昔は、社員さん、アルバイトさんの披露宴に出て、愛ある主賓の挨拶をしていました。が、それもやめました。一日のうち半日でも、スーツで過ごすのが苦しくて苦しくて耐えられないカラダになってしまいました（笑）。

一年に一度か二度、他の企業さんの経営計画発表会に参加します。99％のヒトがスーツで来場する中、私はストレッチ素材のジャケットと、いつもの長ズボンで行きます。現役経営者時代は、オーダーメイドのスーツを１００万円で作って、着こなしていました。今はリラックスしすぎて、体型も変わり、そのスーツがパツンパツンです（笑）。

自宅ではもっともリラックスできる服を着る♪

自宅では、私は上半身はタンクトップ一枚、下はふんどしの上に短パンを穿《は》きます。これが私がもっともリラックスできる格好です♪　この原稿もまさにその格好でベッドの上でリラックスして書いていますᰩ　自分の部屋で暑くなったりすると、タンクトップを脱いだり、短パンを脱いだりして、ふんどし一丁で過ごすこともあります。

この私のリラックス姿を、マネしているのが中学二年生のお年頃の咲蘭ちゃんです。彼女は私を超えます。タンクトップとパンツの二枚のみ！　昔は、お出かけが大好きな子でしたが、最近はめっきりインドア派です。その理由の一つは、パンツにタンクトップの姿でいられることがリラックスできすぎて、自宅で過ごすことが心地良くて仕方ないからです（苦笑）。よほど大きな理由がないと、着替えて外出しようとしません。時々パンツがお尻の割れ目に食い込んで、気色悪くて、視線に困りますが（苦笑）。なんてね（笑）。

私が、近所のカフェに行くときは、タンクトップが半袖に変わるだけです。そしてくるぶしまでの靴下をはいて、スニーカーを履きます。この格好が、ゴミ拾いをしやすいのです。タンクトップで、朝、小学校の子どものお見送りをすると、「ひでたんが、下着で出てきた！」と近所の子どもたちから、からかわれます。なので、半袖にするのが最低限のマナーとして、人前に出るときには袖を通します（笑）。

さて、ホテルに宿泊すると、備え付けの部屋着があります。ドーミーインさんもスーパーホテルさんにも用意されています。普段スーツや普通の服を着ている人は、リラックスできるのでしょう。大浴場に行くと、ほぼ１００％の人がこの部屋着を着ています。ところが、私はまず、この部屋着を着ません。自分がリラックスできる、もっとも上機嫌になれる服をすでに最適化してしまったので、着用しません。**いつものように、タンクトップとふんどしと短パンです♪**

ここは本当に強調したいところです。一日24時間のうち、人前に出るのが12時間。自分一人で過ごす時間が12時間だとします。多くの人は、人前に出る12時間のファッションを何にするかは予算と時間を使って精査しているはずです。ところが、**残りの12時間の、自分をリラックスさせる時間に着る服に関しては、無頓着のように私から見えるのです。**

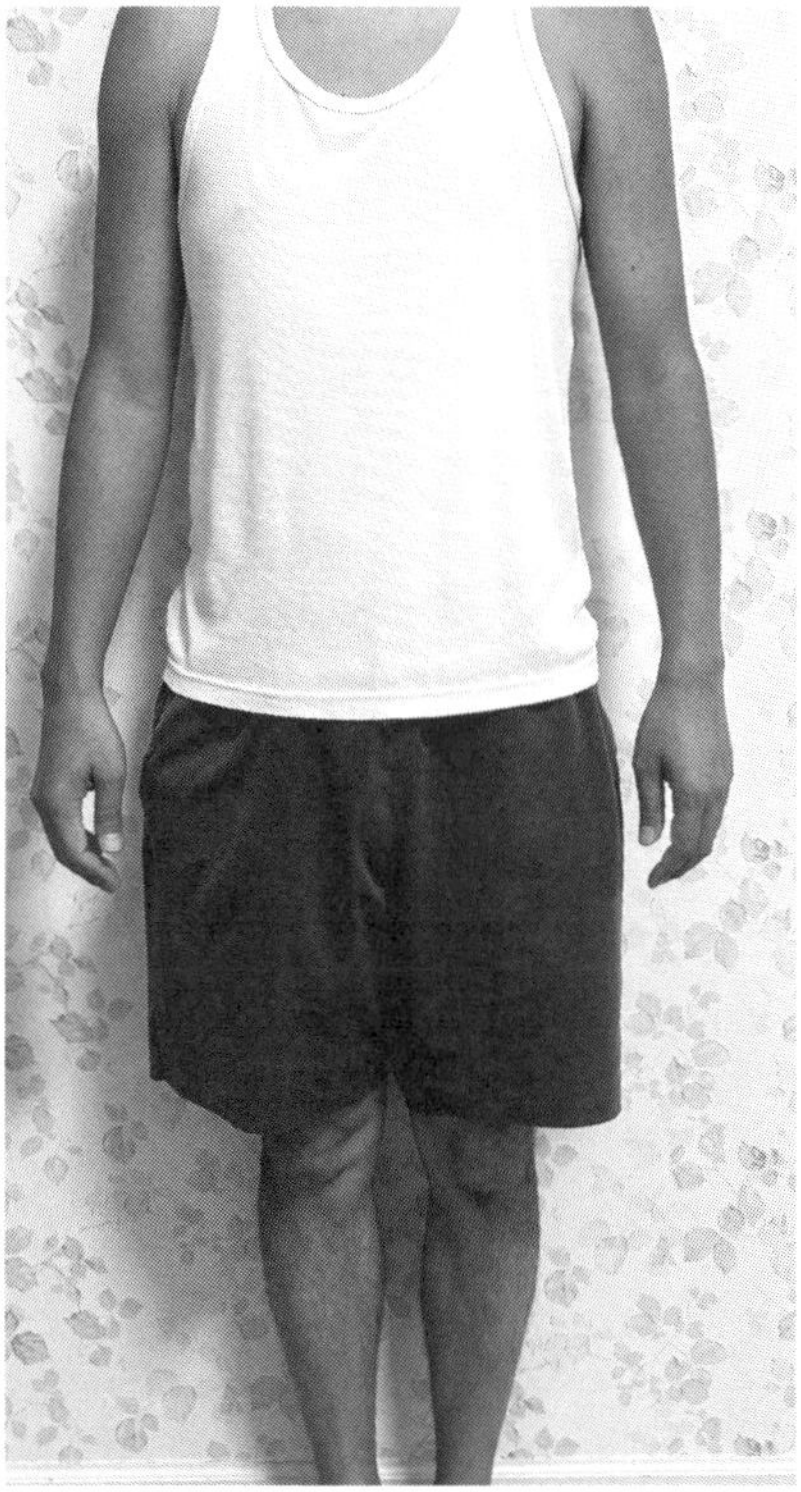

吉川充秀が科学した
最幸の部屋着

だから、ホテルの部屋着を「無意識に着てしまう」わけです。

私は意識して、自分を最高にリラックスさせるために、ホテルの部屋着を着ないで、自分がもっともリラックスできる、タンクトップと緩い短パンという「ファッション」を持ち歩き、身につけます（笑）。**自分の上機嫌をつくるために、リラックスできる自分専用の服は精査に精査を重ねることをオススメします♪**

服に徹底して気を遣う合理的な理由♪

では、なぜそこまで服に気を遣うのでしょうか。それは、**身につける服こそがSMHDWMY**（秒・分・時・日・週・月・年）**のS**（秒）**習慣だからです！** リラックスできる服を着ると、毎秒リラックスできます。毎秒です。毎秒！　締め付ける服を着ると、毎秒締め付けられます。毎秒です。毎秒！

例えば、きついスーツを着てネクタイをして、12時間過ごすとします。60秒×60分×12時間で、４３２００秒、ずーーーーーーーっとストレスを受けることになります。さて、それを週5回繰り返します。それを52週続けます。それを40年間続けます。実に4億４９２８万秒の間、ストレスをずーーーーーーーーっと受け続けることになります。そしてストレスは、自分をむしばみます。

着る服を変えるだけで、おおげさに言えば、人生が変わります（笑）。私の知り合いの天才コンサルタントは、スーツが苦手だったのですが、会社からスーツ着用を強く言われて、我慢をして着ていましたが、ストレスで病気になってしまいました（苦笑）。それから、私服が認められて、「至福」の仕事生活を送れるようになり、天才性もまた開花しました（笑）。彼曰く、**「スーツを着ていると、鎧を着ているようで、カラダの自由が効かないので、発想の自由も効かなくなる。まったく、発想力がなくなる」**んだそうです。

人生の時間も緊張と弛緩のバランスです。もし、スーツやビシッとした服を着ないといけない職業なら、**プライベートでは、自分が最高にリラックスできる格好を科学して、これ以上ないくらいリラックスしましょう**。部屋着は、ストレスがゼロ、ノンストレスの服を着ることをオススメします。もし、好みなら、全裸生活もおすすめです。私は、股間のおさまりが悪く、全裸のほうがストレスがあるので全裸生活はしていません（笑）。

下着を科学する♪

衣類でもっとも大切なのが、下着です。なぜなら下着こそ365日23時間30分着ているものだからです。お風呂に入る時以外は、ずっと着用しています。では、私が下着を科学した結果、出した結論は何でしょうか？　**最も上機嫌になれる下着は、私の体験上、ふんどしです♪**

私と銭湯に行った人は、衝撃を受けるようです。先日、長野県飯田市で、放課後デイサービスなどを運営している株式会社未来福祉会の中台貴博《なかだいたかひろ》社長と一緒に、原宿のど真ん中にある商業施設ハラカドにある銭湯に入りました。

中台さん曰く、「生まれてはじめて、ふんどしをする人を見た」そうです。当日は、「ビックリ企業視察研究会」でビックリ企業を視察していたのですが、私のふんどし姿が一番ビックリしたそうです（笑）。

「うちの親父すら、履いているのを見たことがない」と言っていました。確かに、私も銭湯や大浴場によくいきますが、私以外にふんどしを穿いているヒトを今のところ、見たことがありません（笑）。

逆に言えば、**私ほど上機嫌に気を遣って下着を選んでいる人がいない**ということかもしれません。私の上機嫌オタクぶりは、ふんどしに表れています。

男性の下着のストレス度合いを言います。ストレスがある下着の順番は、ブリーフ、ボクサーパンツ、トランクス、ふんどしです。つまり、もっともリラックスできるのがふんどしです。

理由は二つあります。**一つ目はゴムの有無**。ブリーフもボクサーパンツも、トランクスもゴムがあります。ゴムはカラダを締めます。**ゴムの数、ゴムの強さの分だけ、カラダを締め付けると思ってください**。トランクスは、まだ緩めのゴムですが、ブリーフとボクサーパンツはピッチピチのゴムのことが大半です。これにより、カラダにストレスをかけているわけです。血液やリンパの流れも滞らせます。

人間は循環するエネルギー体です。だから、自分のエネルギーを循環させる服が望ましいというのが私の結論です♪ ふんどしは紐で縛ります。なのでゴムと違い、ほぼ、ストレスをかけません。気合いを入れたいときには、紐をきつめに縛ることがあります。「よーし、執筆するぞ」という時には、**自分で緊張をコントロールして増やすことができるわけです♪　この理屈で言うと、半ズボンも長ズボンも、ゴムは緩めにして、紐ズボンにするのがリラックスのコツです♪** そしてサイズは、Lサイズが一番しっくりくるなら、あえてLLサイズにします。すると、ゴムでウエストを締めません。締めたい時は、紐で調節をすればいいのです♪

二つ目は、股間のホールドです（笑）。男性のイチモツを、ブリーフとボクサーパンツは締め付けます。トランクスは締め付けないまでも、それなりに包みます。ふんどしは、はじめて穿いた人は、違和感を覚えるはずです。「え、いいの？これで？」股間が無重力に浮いたような不思議な感覚を味わえます（笑）。つまり締めません。なので**ほぼノンストレスな下着がふ**

んどしなのです。

女性のパンツもぴったり、締めるものが多いですね。妻のパンツをいたずらで脱がすたびに思います（笑）。私が女性だったら、フンティーをはきます♪　ふんどしパンティーです。また、どちらかというと、男性よりも女性のほうが、ぴっちりした服を着て締める人が多いように見えます。**普段、ストレス１００％の服装を着用しているのならば、せめて下着だけでもストレスをゼロに近づけてあげると、カラダ全体で、ストレスが70くらいに軽減されるかもしれませんね♪　下着は、普段は見えませんから（笑）**。私が女性なら、勝負の夜だけ、おしゃれなパンツを穿いて、何もない日にはフンティーにしてメリハリをつけます（笑）。

（オススメの冬服♪）

部屋着の冬服は、ＢＳファインの超薄手の長袖肌着（メンズスタンダードＵ首長袖シャツ）を着ています。軽くて、薄くて暖かく、長袖なのに着用感があまりありません。ほぼノンストレスなので、オススメ中のオススメです。お値段は若干張りますが、長年使っても毛玉もできず、長持ちします。私は、ちなみに春も夏も秋も、この長袖を常時、リュックに入れて持ち歩きます。**軽いので持ち運びが苦になりません**。冷房のきつい部屋や、飛行機の機内での体温調整用にピッタリンコリズムです（ピッタリンコの比較級です）♪　もはや私の中では、神アイテムです♪　ＢＳファインの角野《かどの》光柄《こうへい》社長は、プリマベーラのセミナー事業部のお客様の一社ですが、決してえこひいきをしているわけではありませんので、あしからず（笑）。

上着はノースフェースのダウンジャケットです。超絶の軽さです。冬も重さで身につけるものを決めます♪　この軽さに慣れたら、他の重たいコートやジャケットが着られなくなりました。私がゼロベースで買うなら、ユニクロさんのウルトラライトダウンです♪　２０６グラムという驚異の軽さです♪　Ｐコートなどは１１００グラム、革ジャンに至っては、２７００グラムのものもあります。ビシッとしたい時には重たいものを着ればいいのですが、**上機嫌で軽くいたい場合には、とにかく軽量のものを身につけるのがオススメです♪**　ズボンもＢＳファインの「メンズストレート」が、暖かくてオススメです。黒なので、カジュアルにもフォーマルにも使えます。あくまでも、ファッション性は全て度外視して、上機嫌ベースでお伝えしています（笑）。あとは首元を締め付けない長袖のカットソー、トレーナーを一枚ずつ。これは妻が買ってきたものを着ています。

女性のファッションも、締めない、軽いファッションを基準にご自身で選ぶと、上機嫌確率が上がるかもしれませんね♪

服の色もまた波動です♪

服で上機嫌になるもう一つのポイントは色です。男性の服は、あまり明るい色がありません。レディースの服は、明るいときめく色のラインナップが豊富にあって、うらやましいなあとよく思っています。それでも私は、極力明るくて軽い色を着るようにしています♪

ピンクや黄緑色のTシャツ、エメラルドグリーンのハーフパンツを着用すると、気持ちが軽やかになって上機嫌になります♪　**色の波動に自分自身が共振するようです♪**　ただ、長ズボンやダウンジャケットのように汚れが目立ちやすいものは、紺色や黒など汚れが目立たないものにします。**汚れが目立つ服を着ると、気になって不機嫌に心の針が振れますから。**

色も波動です。ときめく軽やかな色を身につけることで、自分の機嫌を軽やかにすることができます。とくに、**自分の機嫌をとることを覚えだした人ほど、最初はモノの力を借りることをオススメします。**

自分の機嫌をとるのがうまくなると、服の色などにあまり左右されなくなってきます。自分の思考と行動でいくらでも、自分の機嫌をデザインできるようになりますから♪

上機嫌なバッグと靴の選び方♪

同様に、バッグも軽いものを極力選びます♪　軽さだけなら、ナイロンのリュックがオススメです。もはや、重さはないのと一緒です。無印良品さんで売っているものを、スペア用として、私は愛用しています。リュックにこだわるのは、両手を空けるためです。歩きながら作業ができますね♪　私の場合、ゴミ拾いをするためにリュックがマストです。片方の手でトングを、もう片方の手でゴミ袋を持ちます。自分の買い物の荷物を両手で持つと、何もできません。**手を自由にするのがLTE的生き方です♪　両手を浮かせれば、ゴミ拾いでも、スーパーギバー習慣でも何でも自由にできます♪　自分で自分の機嫌をとるための行動を何でもできます♪**

靴も大切です♪　私は靴も軽い靴をえらびます♪　かつては、自分の古着屋でナイキの高いスニーカーを買ったりしていました。うちの社員さんが、自分のお店の売上になって喜びますから。株式会社プリマベーラのベクトルという店舗には、一足１００万円くらいのレアスニーカーも含めて、10万円以上のスニーカーもゴロゴロ置いてあります。以前、10万円ほどする金色のスニーカーを買って履いたこともありましたが、しっくり来ませんでした。その一番の理由は、重たいからです。**靴も、履いている時間は毎秒、ストレスがかかります。靴を履くという行為は、SMHDWMYのS（秒）習慣です。**

片足800グラムもあるブーツを履くのか、500グラムの革靴を履くのか、それとも片足200グラムの軽量のスニーカーを履くのかで、ストレスが大きく変わります。**軽量の靴を履けば、足が軽やかになり、上機嫌に影響します♪**

私が買っているのは、アマゾンさんで買ったスニーカーです（笑）。3399円（笑）。以前はオールバーズというメーカーの靴を履いていました。軽くて、理念も素適で、自然に還《かえ》る素材を使っています。ところが、靴の裏が摩耗しやすく、雨の日に頻繁にひっくり返りそうになります。ゴミ拾いしながら滑って、何度、痛い目にあったことか（笑）。この3399円の靴は、中のインソールがボロボロになっても、百均で買い換えれば、まあまあ長持ちします♪

愛用するスニーカー
たまにセールに
なっちゃいます♪

そして、**私の上機嫌な靴へのこだわりがもう一つ。サイズは、1センチ大きめを買います♪　この1センチの余裕が、締め付けないことにつながります♪**　足を締め付けない。だから、疲れない、ストレスが少ない。ゆえに、不機嫌に心の針が振れないのです。靴の締め付けもまた、毎秒ですから！　**毎秒のストレスを緩和してあげれば、ストレスは激減します♪**

女性も、とにかく締めない靴を選ぶことをオススメします♪　あくまでも、上機嫌を最優先に考えたら、ですよ♪

靴下の選び方♪

靴下も大切です。一度履けば、毎秒身につけることになりますね。私が裸足で歩かないのは、ゴミ拾いをしていると靴の中に、頻繁に小さな石ころが入り、不機嫌に心の針が振れるからです（苦笑）。

靴下は、ワンサイズどころかツーサイズ上を買うことを、これまたオススメします。ユニクロさんに行くと、男性用の靴下はほぼワンサイズです。25から27センチの靴下。ところが、**フォーエルというLサイズ専門店に行くと、なんと31センチの靴下が売っています。私は普段27センチサイズですが、この大サイズを買ってから、もう元に戻れなくなりました**（笑）。普通のサイズの靴下を履くと、締め付けが気になり、すぐに脱ぎたくなります。フォーエルさんのビッグサイズでも、三足1000円くらいで買えます。**また、靴下はハイソックスほどカラダを締め付けるので、私は基本的にくるぶしソックスを履きます。締め付ける部位を減らすのが、上機嫌にとっては大切です♪**

また、**ノンストレスを志向する人は、ゴムなし靴下を買うのも****オススメです♪**　靴下も毎秒、足を、ふくらはぎを締め付けます。毎秒、身につけるものほど、何を身につけるかに敏感になってみてください♪　服こそ、ユーミンの歌なのです。「I don't have to worry, worry. 守ってあげたい　私を締め付ける全てのゴムから　'Cause I love myself♪」

「I love myself♪」のTシャツと「Unlock myself♪」のTシャツ♪

それでは、私が発明した、世界でもっとも自己肯定感が上がると、私が思っているTシャツをご紹介します♪

一つ目が「I love myself♪」（自分で自分自身を愛する）のTシャツです。このTシャツのポイントは、「I love myself♪」という文字が逆文字になっていることです。このTシャツを着ていると、他の人は、Tシャツの胸の部分に何と書いてあるのか、はっきりわかりません。ところが、着ている本人が、鏡を見ると、バッチリ正文字が映ります。「I love myself♪」と。するると、**鏡を見るたびに、自分を愛することが思い出せるのです**。

鏡を見るたびに、「自分、我慢してないかな?」「自分が誇れる生き方をしているかな?」「自分に優しくできているかな?」そんなことを自問自答できるようになっているTシャツです♪

ファッションは本来、他の人から見られてなんぼですが、このファッションは、自分が見てナンボなのです。他人軸ではなく、自分軸のTシャツなのです♪

ブログ
自己肯定感が上がる
Tシャツ♪　の記事

同様に、「Unlock myself♪」のTシャツも作りました。ゴミュニケーションなどで、いろいろな人と会いますが、「自分で自分を思考の檻の中に入れて、鍵をかけてしまっている人」が、多いことに気付きます。そこで、**「自分を檻の中から解放して、自分を解き放とう」そんな思いを込めて、「Unlock myself♪」のTシャツを作りました。**これもまた、逆文字設計になっていて、鏡を見ると正文字が映る仕様になっています♪　気になった方は、ブログ記事を見てみて下さいね♪

3　自分で自分の機嫌をとる「環境」の習慣♪

多くの習慣化の書籍では、言葉の使い方とカラダの使い方の二つを変えることを提唱しています。習慣化の書籍は、結果を出すための書籍が多いため、言葉の使い方では、アファメーションと言って、自分に暗示をかけることを推奨しています。また、カラダの使い方では、パワーポーズと言って、自分のやる気を鼓舞するポーズを作ったりすることを推奨しています。

本書では、自分で自分の機嫌をとるための習慣をメインでお伝えしていますので、このテの習慣は省きました。代わりに、言葉・カラダの使い方と並び、私たちの機嫌を大きく左右する環境の習慣についてお話しします。

人は周りのものに似てくる

たとえば、パソコンのデスクトップやスマホの画面がぐちゃぐちゃだとします。これをよく「それはあなたのアタマの中の反映だ」なんて言いますね。また、**自分の部屋の中が荒れていると、ヒトの心理状態、すなわち機嫌もそれに似てくる**と言われています。たとえば、夫婦げんかが多い家の特徴で挙げられるのが、家が片付いてないことです。

私たちの会社は、環境整備といって、整理、整頓、清掃に力を入れています。月に一度の点検で、点数が低いと、その店舗の皆さんの賞与が一律で下がります（苦笑）。そのくらい、整理、整頓に力を入れています。その理由を大きく二つお伝えします。

一つは、整理整頓されていたら、仕事がしやすいから。どこに何があるかが明確であれば、探す時間も必要ないですからね。整理整頓されていると、作業する人たちの仕事の効率が上がります。ところが、上機嫌において大切なのは、もう一つのほうです。

もう一つは、**心が荒《すさ》まないために、整理、整頓、清掃に力を入れるということです**。たとえばです。きれいな部屋に、段ボールが一つでも、あったらどうでしょう？　段ボールのあの茶色い無機質な箱は、美観を損ないます（苦笑）。もっと言うと、心を荒ませる色です。**たった一つ、作業や物置を連想させる段ボール箱が、自分の部屋にあるだけで違和感を覚えます**。荒れた部屋、掃除してない部屋ならなおさら、心が荒むのではないでしょうか。

心が荒むということは、不機嫌に心の針が振れることです。上機嫌だったら、怒るようなことでもないのに、不機嫌に心の針が振れていると、ちょっとしたことでケンカがはじまります。夫婦げんかが勃発しやすいということです。夫も妻も、ともにです。つまり、この場合は、環境を変えれば、不機嫌確率が減り、ケンカが減るということになります。それだけ、私たちの環境は、私たちの心に影響するのです。

であれば、逆も真なりです。**環境を整えれば、心を上機嫌に整えることもできるということです**。ここでは、環境を整える習慣をいくつかお伝えしたいと思います♪

ベッドメイキングする習慣♪

私は職業が旅人なので、一年のうち200日以上はホテル住まいです。ホテル住まいでも、自分の部屋と同じように、毎朝していることがあります。それが、ベッドメイキングです。ベッドを使ったら、布団をたたんで、枕を揃えて、チェックアウトします。

私の大好きな作家の小林正観さんの著書に、興味深いエピソードが書いてありました。プロ野球選手が定宿にしているホテルの支配人によると、その日登板するピッチャーが、ホテルの部屋をチェックアウトする時に、部屋をキレイに整えていると、不思議といい結果が出る。部屋を乱雑にしてチェックアウトをすると、結果が良くないんだそうです。

上機嫌の専門家の私が、解説をします（笑）。ベッドメイキングをして、部屋を整えてチェックアウトするということは、心に、時間に、余裕があるからできることです。余裕があるということは、心が揺るがず囚われずの状態です。時間に焦ったり、何か重大な悩みがないと考えられます。**不機嫌ではなく、上機嫌なので、本来の自分の力を出せる確率が高まります。その結果、パフォーマンスが上がり、いい結果が出やすいということです。**

私はホテルに泊まると、いろいろな人のチェックアウト後の部屋を、ドアが開いている場合はこっそり廊下から覗《のぞ》くのが趣味です（笑）。残念ながら90％以上の人は、荒らして帰ります。ビジネスホテルであれば、出張で忙しい人が多いのでしょうから、余裕がないのでしょうね。

ちなみに、吉川家もリゾートホテルなどに泊まると、子どもたちは部屋を荒らしまくります。妻は、子どもの身支度に忙しく、ほぼ毎回、ギリギリにチェックアウトするので、布団をたたむ余裕もありません。なので、毎回私が布団をたたみながら、子どもたちや妻の忘れモノがないかをチェックして、キレイに整えます。**ベッドメイキングをすることで、忘れモノが減るという大きな副次的効果もあるのです**。何度、ベッドメイキング中に、忘れモノが見つかって今まで助かったことか（笑）。


ベッドメイキングも実は、「一円にもならないバカバカしいこと」だと思いませんか？　合理的な人は言います。

「たたんで何になるんだ？　ホテルの清掃員からしたら、結局掃除するんだから同じじゃないか？」


ベッドメイキング習慣もまた、実は機嫌転換なのです♪

「今日もできた♪」と自己効力感が上がり、**「ホテルの清掃員さんが掃除するときに、キレイだとうれしいはず♪」**と自己有用感が上がり、**「こんな一円にもならないことができる自分が**

好き♪」と、自己肯定感が上がり、自分に自信をつけ、自分が好きになっていきます♪　そして、そんな自分を誇れます♪　だから、上機嫌確率がグンと上がります♪

たかがベッドメイキング、されどベッドメイキングなのです♪

苦手な環境から離れる習慣♪

私には苦手な音があります。リンゴの皮をむく音。そして、掃除機の吸引音です。掃除機の吸引音を聞くたびに、一気に不機嫌になります（苦笑）。一方、妻は掃除機がお友達です。潔癖なので、毎日モップをかけ、毎晩掃除機を全室にかけます。私が、掃除機が大の苦手だと知っているので、私がいるときは、私の寝室は掃除機をかけませんが、寝室のドアの手前までやって来ます。機嫌がいいときは、余裕があるので、まだ耐えられますが、疲れていたり自分のシャンパングラスのエネルギーが足りてないときには、ＡｉｒＰｏｄｓを耳に装着して、爆音で音楽を聴いてやり過ごします（笑）。

昔、人格者を目指していた頃は、「掃除機の音くらいで、ざわついてどうする？」と自分に言い聞かせて、耐えていました。でも、生理的に苦手なものは仕方がありません。とにかく、**自分を不快にするものからは逃げるしかありません**。「私を苦しめる全てのものから、守って

あげたい」を発動しましょう♪

妻とも子どもとも一緒に寝ない習慣♪

私のベッドはクイーンサイズです。余裕で二人が眠れます。が、妻とは寝ません。子どもとも、ほぼ寝ません。たまに三女の耳かきをベッドの上でしてあげると、気持ちよくてそのまま寝てしまって、結果的に一緒に寝ることはありますす。ところが、たまに妻や子どもと一緒に寝ると気付きます。

隣に子どもが寝ていると、優しい私は「寝返りをして、子どもの眠りをジャマしないようにしないと」と無意識に思います。寝て起きてみると、カラダのあちこちがいつもより痛い。

「疲れが取れない……」

そして、眠りが浅いのです。**無意識に、子どもに気を遣って、カラダも気も休まっていない状態です**。一人で眠るときと、誰かと眠るときでは睡眠の質がまったく違うので、大きなベッドでも、たいていは一人で寝ます。

人にはエネルギーボールのような層があって、大きい人と小さい人がいます。私は、大きいので、半径３メートル以内に人が入ってくると、敏感になります。ところが、妻はエネルギーボールが小さく、恐らく半径1メートルもないので、人が近くにいてもあまり気になりません。

ボールが大きい人が、繊細さんです。他人のエネルギーに敏感な人です。**私は、自分を敏感だと認識しているので、ホテルの部屋も一人部屋。ベッドも一人。自分に合った暮らしをしています。これも自分で自分の機嫌をとる習慣に他なりません。**

4　自分で自分の機嫌をとる「ものの見方」♪

人生を変えるには、ものの見方、考え方と習慣を変えることだというお話をしました。本書では、ものの見方、考え方は、メインテーマではありませんが、習慣と密接に関係しているので、いくつか「ものの見方、考え方の上機嫌習慣というテーマ」でお伝えします♪　ものの見方、考え方は、思考パターンです。そして、その思考パターンが行動パターンである習慣を規定しています。上機嫌になるものの見方、考え方の一端をご紹介しますね♪

飛行機でエコノミー席を選ぶ表面的な理由♪

私は旅人だとお伝えしました♪　海外旅行で飛行機を使うときには、エコノミー席を基本的に利用します。

「ビジネスクラスだって、ファーストクラスだって、乗れる立場なのに、どうして、エコノミーを使うの？」

と訊かれます。その表面的な理由と、少しだけ深い理由をお話ししますね♪

表面的な理由は、安い（笑）。そして、12時間を超えるような長時間のフライトでも、私はそれほど苦にならない。ただ、通路席が取れない場合は、ストレスを感じることが多いので、極力通路側の席を確保します♪　たとえば、三席の真ん中に座ったとします。すると、両隣に見知らぬ人が至近距離でいます。トイレに行くにも、体勢を入れ替えるにも、気を遣う確率が高まります。**何より、習慣を頻度に応じて分類したSMHDWMYの法則で言えば、Sの毎秒、両側からのエネルギーを感じながら、12時間を過ごすことになります。これは、割とエネルギーに敏感な私には、なかなかストレスなことです。**

飛行機の中では、本を読んだり、ゲームをしたり、ちょっとした仕事をしたり、書籍を執筆したりして過ごします。隣の海外の人と接するのも面白い。お互いが拙《つたな》い英語で、会話をしたり。

かつては、ビジネスクラスで何度も出張に行きました。座席がフルフラットになって、足を伸ばせて快適は快適ですが、結局私は眠れないので、疲れはエコノミー席とそんなに変わりま

せん。コスパという面でも、あえてエコノミー席を好んで選んでいます♪

エコノミー席を選ぶ真の理由♪

国際線の座席は、安いほうからエコノミー、プレミアムエコノミー、ビジネス、ファーストクラスと分かれています。まるでインドのカースト制度のようだと思いませんか？　この**クラス分けは、上位の人は優越感を感じてちょっぴり気持ちがいいですね。下位の人は、上位の人に羨望を持ちます。実は、これが不機嫌の理由になります**（苦笑）。このクラス分けこそ、比較の最たるものだと思うのです。自分で、勝手に人と比較をして、こんなことを思います。

「あの中国系の男性、まだ若いのにビジネスクラスかあ。不動産か何かで相当儲かってるんだな。きっとあこぎな商売をしているんだろうな」「え、あんな若い女性がビジネスクラス？　どういうこと？　あれは愛人だな、誰かの」「なんであんな子どもまで、ビジネスクラスなの？　子どもの時から、ビジネスクラスなんて、金銭感覚どうなっちゃうんだ？　大丈夫か？」

自分と比較して、自分を必死に守るように、相手をけなそうとついついしてしまいます（苦笑）。自分のプライドを守るために、必死に「上位の人」のあら探しをしようとします。**人間**

をクラスで分けると、そこに優劣が生まれます。クラスが上の人は優越感を感じ、下のクラスの人は劣等感を感じます。飛行機会社は単価の高いクラスを売りたいから、「優先搭乗」などでビジネスクラス以上の人を優遇して、私たちを煽ります。

クラスを分けると、ずばりワンネス（この世の全ては一つであるという概念）**から遠くなります**。以前、社長仲間３人で旅行に行きました。私は大好きなエコノミー。私の友達の社長もエコノミー。もう一人はビジネスクラス。このビジネスクラスの彼の会社と比べて、私の会社は６倍くらい大きいのですが、あえて私はエコノミー（笑）。そして、そんな自分がまた可愛く思えて好きになります（笑）。

さて、このビジネスクラスの彼、私たちには温厚なのですが、空港でブチギレしました。彼は、ビジネスクラスなのに、チェックインで待たされて激怒します。すごい剣幕で、「おい、何やってんだ。後ろで何を突っ立ってんだ。こっちはいくら払ってると思ってるんだ。さっさとやれ」

要は、「特権階級のビジネスの俺たちを待たせて、どうしてエコノミーの奴らを先に通すんだ？」ということです（苦笑）。

クラスが上がると、自分たちが上で、他の人が下に見えてきます。すると、要求が大きくなります。**自我、エゴ、執着が増えるということです。**

この「優越感」という感情はクセモノで、お金を持つと、病みつきになります（苦笑）。私も彼の気持ちはよーくわかります（笑）。ところが、**この感情は、「エネルギーバンパイア」**から来るものです。クラスの上の人は、誰からエネルギーを奪うかというと、クラスの下の人から奪います。「気持ちいい、優越感を感じる♪」というのは、その他大勢がいるからこそ、感じられるエネルギーバンパイアの感情です。

両極を楽しむ生き方♪

とはいえ、私も高いクラスを選ぶこともあります。洋上セミナーを開催した際は、豪華客船コスタ・セレーナのグランドスイートという部屋に泊まりました。１５００室ある船室のうちトップ10室の最高グレードのお部屋です。バスタブがついていて、ルームサービスも無料。バトラーがついていて、お世話をしてくれます。

泊まった理由は妻。飛行機や船のチケットを取るときだけ、彼女はエコノミー症候群になります（苦笑）。奇病ですね（笑）。「私は、狭い場所は無理」と言うので、妻との旅行のときだけは、飛行機はビジネスクラス、船もスイートルームです。しかし、こんな部屋に泊まるのも私なりの理由があります。**こんなぜいたくをあえてしたのは、体験のためです。一度、ぜいたくを体**

験して、「自分が上機嫌になれるかどうか」を観察しています。

このグランドスイートに泊まってわかったのは、湯船があることと、部屋がちょっと広いところは快適でした。ところが、ルームサービスもバトラーサービスを頼めるけれど、電話で英語で申し込みます。相手の英語はなまってわからないし、こちらの英語もあんまり通じないから、結局使えない（笑）。しかも、私が預けたスーツケースが12時間たっても私の元にやって来ません。４倍の金額を払った「価値」はあるかというと、そうでもありません（苦笑）。同行した、うちの社員は正直だから、

「こういうときに吉川さんとの身分の差を感じる」

と言う始末です（苦笑）。

私が、自分一人で宿泊だったら、普通のお部屋で充分。最悪、窓がない、一番安い船室で充分です。日中は、海の見えるラウンジにいって、仕事をしたり、まったりしたりすればいいんですから。

実は、これが上機嫌確率を上げるものの見方、考え方の一つです♪　両極を楽しむのです。一番安い部屋も楽しむし、一番高い部屋も楽しむ。どちらでもいい。そうやって、自分の自由度を広げておくと、上機嫌確率が高まります♪

あんまり得意ではありませんが、時々は、カプセルホテルにもあえて泊まります。カプセルホテルはいびきの大合唱（笑）。その中で眠れたら怖い物なしです（笑）。

もちろん、ファーストクラスにふさわしい自分たりえるために、よりピラミッド社会を勝ち抜くモチベーションにするのも素適な生き方です。ビジネスやファーストに乗るために経営を頑張る、それもありということです。自分の目的を果たすための、強烈なモチベーションにすればいいですからね♪

改めて、「飛行機のクラス分け」とは、比較の最たるものです。そして、上流ほど気持ちがいい（笑）。比較がさらなる比較を生みます。上流の人は、エネルギーバンパイアという「**エセ上機嫌**」になり、一般の人は劣等感で心が不機嫌に振れていきがちです。だったら、**その比較から離れて、普段はエコノミークラスをデフォルトにして、必要に応じてビジネスクラスやグリーン車に乗る。こんな生き方が、上機嫌確率を上げてくれます♪**

日本一宣言と宇宙一宣言の習慣♪

私が経営してきた株式会社プリマベーラでは、日本一宣言という取り組みをしてきました。社長、正社員、アルバイトさん、全員が何か一つでいいから、日本一宣言をして、それを社内の日報上で、毎日宣言をします。これを２００８年から続けて、大きな成果を上げてきました。**ピラミッド社会という比較社会で、自信を持つには競争で勝ち続ける必要があります。であれば、勝てる土俵を自分でつくって、その土俵では誰にも負けないように専門化する。これが、競争社会での基本的な自信の付け方です。**コツコツ努力をして、小成功を繰り返して、「やっぱり自分が一番」と再認識することで、自信が付いていきます。

最終学歴が小学校卒業の、松田幸之助という社員がいます。彼は、貧乏すぎて中学にも行けず、家族とともに、借金取りから逃げ回る毎日を送っていました。その彼が19歳で就職した会社が、株式会社プリマベーラ。ビデオ屋さんの店員としてアルバイトで入社しました。彼のハングリーさを私は知っていたので、アルバイト時代から目をかけ、「人生がときめくニコニコワクワク研修」で彼にスイッチを入れます（笑）。

それから、彼は日本一宣言を「形のないものに投資する男日本一」と宣言して、車や自宅というモノに投資をせず、自分の成長に投資をしてきました。読書やセミナー、人との出会いにお金を投資したわけです。

その彼は、いまや35歳で、プリマベーラの経営コンサルティング部門のトップ。最終学歴、小学校卒業の彼が、慶応義塾大学卒のエリート社長にコンサルをしています（笑）。そして、『ヤバい仕組み化』を書き、2万部突破のベストセラーに。ピラミッド社会の中で、成功した一人として活躍しています。

このように、**日本一宣言は、自分のありたい姿を達成するのに有効な手段です。**

個人としては宇宙一宣言♪

ところが、**日本一宣言というのは比較の世界なので、心が荒みがちです**（笑）。結局「誰に勝った、誰には負けた」という競争の域を出ないからです。このドキドキハラハラの世界で、「よーし、全員、ぶち抜くぞ！」と戦える人には、適していますが、そうでない人にとっては辛い世界でもあります。

そこで、私は、こういう棲《す》み分けを提唱します。会社では日本一宣言で行きましょう。だって企業活動自体が、お客様から比較され、ライバルよりも選ばれることを軸に活動しているところなのですから。**相対評価というルールの中では、割り切って相対評価を使ったほうが、うまくいきます**。

私も、相対のピラミッド社会の中で、数多くの自称日本一をつくってきました。

「EVERNOTE 活用日本一」「一瞬を大切にする男日本一」「仕組み化日本一の中小企業」のよ

うに。

一方、個人面、プライベートでは、宇宙一宣言を使っています。これは、「宇宙で一番になりましょう♪」という提案です。

例えば、「I love myself♪　宇宙一」や、「上機嫌宇宙一♪」などです。

日本一宣言と宇宙一宣言は根本的に発想が違います。**比較、相対を離れて、絶対観で物事を見るという面が、この「宇宙一」には込められています**。上機嫌がこの天体のなかで一番かどうかなんて、わかるはずはありませんね。だから、そもそも比較を超えて、自分がぶっとんでいると思うくらいやるという宣言です。

こんな宣言を、社内、社外とのチャットやメールの署名、自分のＳＮＳのプロフィールに入れて、内外にオープンにしてしまうわけです。

そして、**この宣言をすることで、自分のロックを外すことができるようになるかもしれません♪**

「こんなことを言ったら恥ずかしい」「I love myself♪　なんて言葉を使ったら、人から、アホちゃうかと思われるのではないか」「こんなところを見られたら、恥ずかしい」

このような、**自分で自分に無意識につくってしまった制限の壁を取り払える可能性があるの**

です。

「ゴミ拾いなんか始めたら、ご近所さんから、何かの宗教にでもハマったと見られるんじゃないか」。そんな、自分に鍵をかけている「ＬＯＣＫ」をＵｎｌｏｃｋ（解錠）して、自分を解放すると、素適な自分になれるかもしれませんね♪

そして、そんな日本一宣言、宇宙一宣言を続けていると、自分で自分を本当にそう思い込めるようになります。そうしたら、しめたものです。**人の目が気になるという他人軸から、自分軸に移行していくかもしれませんね♪**

足るを知る習慣♪

幸せの専門家として、幸せになるには三つのことが必要らしいということがわかりました。

一つは、成長実感。自己実現をして、なりたい自分になる。もしくは、それに近づいているという実感を持つということです。本書の言葉を使うならば、自己効力感が近いと言えます。幸せの三大ホルモンの言葉を使えば、ドーパミン的な幸せです。

そして二つ目は、誰かに喜ばれること。本書の言葉を使うならば、自己有用感ということになります。目標達成でよく言われることです。「自分のためだけの動機は弱い、だから、人のため、世のためになる動機もつけると、動機がより強固になり、目標達成しやすい」。だから、人に喜ばれるということが必要だと。同時に、人が喜んでくれたら、単純にうれしいですね♪ホルモンで言えば、オキシトシン的な幸せです。

この二つは、いわゆる成功哲学の主流の考えで、いわゆる成功者の書籍を読むと、ほとんどの人が実践していることです。

さて、三つ目が何かというと**逆説的な「足るを知る」**ということです。もし、最初の二つの成功者の皆さんと、私の上機嫌度に多少の違いが見られるとしたら、この三つ目の因子に要因があるのかもしれません。私の得意分野中の得意分野です（笑）。ホルモン的に言うと、セロトニン的な幸せです♪

お風呂の習慣

お風呂に入るには、たいてい湯船にお湯を張ります。そして、シャワーを浴びて、体や頭を洗って、それから、湯船に浸《つ》かりますね。わが家でも、みなそうです。ところが、私はちょっと違います。自宅のお風呂には、洗面器と、百均で三女が小さい時に買った象さんのジョウロと、３００ccほどが入る固形のせっけんを入れるための、緑のせっけん置きがあります。

私は、シャワーを使いません。最近、妻が、パナソニックのリファにシャワーヘッドを買い換えて使っていますが、私はほぼ使いません（笑）。シャワーの代わりに、湯船のお湯を象さんのジョウロでくみます。そのジョウロでお湯を惜しみ、愛《いと》おしむかのように、自分の体を濡らします。

かつて、一瞬を大切にする男日本一として、一秒もムダにしたくない生き方をしていたときには、3リットル入る洗面器でお湯をすくって、バシャバシャ自分の体にかけていました。シャワーの水流すら遅く感じていたのです。それが、今では900㏄しか入らない百均の象さんのジョウロ。しかも、もう6年も使っているので、至るところに穴が空いています。それを私がガムテープで補修して貧乏くさく使っています（笑）。

「吉川さんって、本当は貧乏なんじゃ？」と思う人もいるかもしれませんね（笑）。また、湯船のお湯を300㏄しか入らないせっけん置きで大事そうにすくって、自分のカラダにお湯をかけたりします。小学校二年生の三女と一緒にお風呂に入るときも、シャワーを使いません。ガムテープの象さんのジョウロと、300㏄の「せっけん置き洗面器」で、お湯を大切に使いながら、次女の体を洗います。

「何のために？」「それこそ意味なくない？」と思われるかもしれませんね。ところが、これは**感謝増幅の習慣です♪**

お風呂に入りながら、「お風呂に入れるありがたみ」「お湯がたんまり出るありがたみ」を感じる人がどのくらいいるでしょうか？　私も含めて、多くの人が「当たり前」の世界です。蛇口をひねれば、お金さえ払えばいくらでも水もお湯も出ますから。**無限だと思うと、当たり前になり、感謝ができなくなります**。シャワーの出が悪くなると、不機嫌になり、お湯がぬるいと不機嫌になりがちです。

ところが、私の習慣は、**水やお湯のありがたみを実感する習慣**です。少ないお湯で、体にお湯を丁寧《ていねい》にかけると、水やお湯のあることが当たり前じゃないことがわかります。湯船のお湯を無造作にバシャバシャ洗面器ですくうと、お湯がどんどん減ります。ところが私のお湯の使い方は丁寧なので、3リットルの洗面器で使うお湯の量に比べて恐らく、5分の1くらいで済み、エコにもなります♪

これは、**私が感謝習慣をたくさん実験して、たどりついたことですが、行動を丁寧に丁寧にすればするほど、感謝がわいてきます♪**　つまりあえて、**湯船のお湯という「有限の世界」をつくることで、丁寧にお湯を使う仕組みなのです。その結果、自動的にお湯や水を使う量が減り、自然と感謝がわく仕組みでもあります（笑）**。**私の幸せの第三軸は、あえて「足るを知る」ことで、感謝という感情にひたる、ということです**。

自分の「満足のバー」を下げると感謝がわきやすくなる♪

子どもたちは、東京電力の回し者ではないかと思うくらい、エアコン、電気をガンガンにつけます（笑）。水も、お湯ももちろん、ガンガン使います（苦笑）。

「ゴミ拾い仙人の吉川さんは、社員教育はバッチリうまくいっているのに、どうして？」

「吉川さんは、社員教育はバッチリうまくいっているのに、子どもの教育は全然なってない」

こんなことを時々言われます（笑）。私もそう思います（笑）。とくに長女と次女のふるまいを見ていると、「親の顔が見てみたい」と自分で感じてしまうこともしばしばです（笑）。

エアコンも電気もお湯も無駄遣いを見たら、私は消して止めて回ります。それでも、私は教育しません（笑）。妻は、ガミガミ怒りますが、怒っても子どもたちは毎回やらない、できない。怒ることは期待をしていることになりますね。**期待をすると、裏切られるので、そもそも期待しない**（笑）。裏切られたら、そのたび不機嫌になるので文句も言いません（笑）。「私が地球を守るスーパーエコマンになった」つもりで、電気やエアコンを消しまくります。彼女たちも、「自分で電気代を払う」とか**必要性を感じるようになったら、**きっと節約するのでしょうから。

お風呂のお湯も、食器洗いの水も、照明もエアコンも、愛おしむように使うと感謝がわいてきます。私は普段、真夏の暑い日でも、自分の部屋のエアコンはあまりつけません。時々、「今日は耐えられないな」と思ったらつけます。すると、エアコンのありがたみを身にしみるように感じます♪

私の部屋は全体照明を、ほとんどつけません。その代わり、手元の電気スタンドをメインで使います。すると、時々数日に一回、全体照明をつけると、あまりもの明るさに感激します♪**足るを知るということは、実は、「自分の満足するバー」を引き下げているのです。**このバーを下げれば下げるほど、幸せを感じる機会が増えます♪ところが、全てが当たり前になると、満足するバーが跳ね上がり、どんなに美味しい食事でも、涼しい部屋でも、気持ちの良いお風呂でも、満足できなくなります。「もっともっと」というモアアンドモアを追求するようになります。

私が、飛行機のエコノミー席をあえて使うのも、自分の満足の水準を据え置いているからです。ファーストクラスに慣れたら、ビジネスクラスすら不満になります。エコノミー席しかない飛行機に乗らざるを得ないときには、不機嫌確率が上がるのが想像できますね。

エコノミー席でも満足できる♪　ジョウロのお湯でも感謝できる♪　たまにエアコンをつけて感謝できる♪　これこそがＬＴＥのＴ（ＴＨＡＮＫＳ）を最大化する生き方だと私は思って

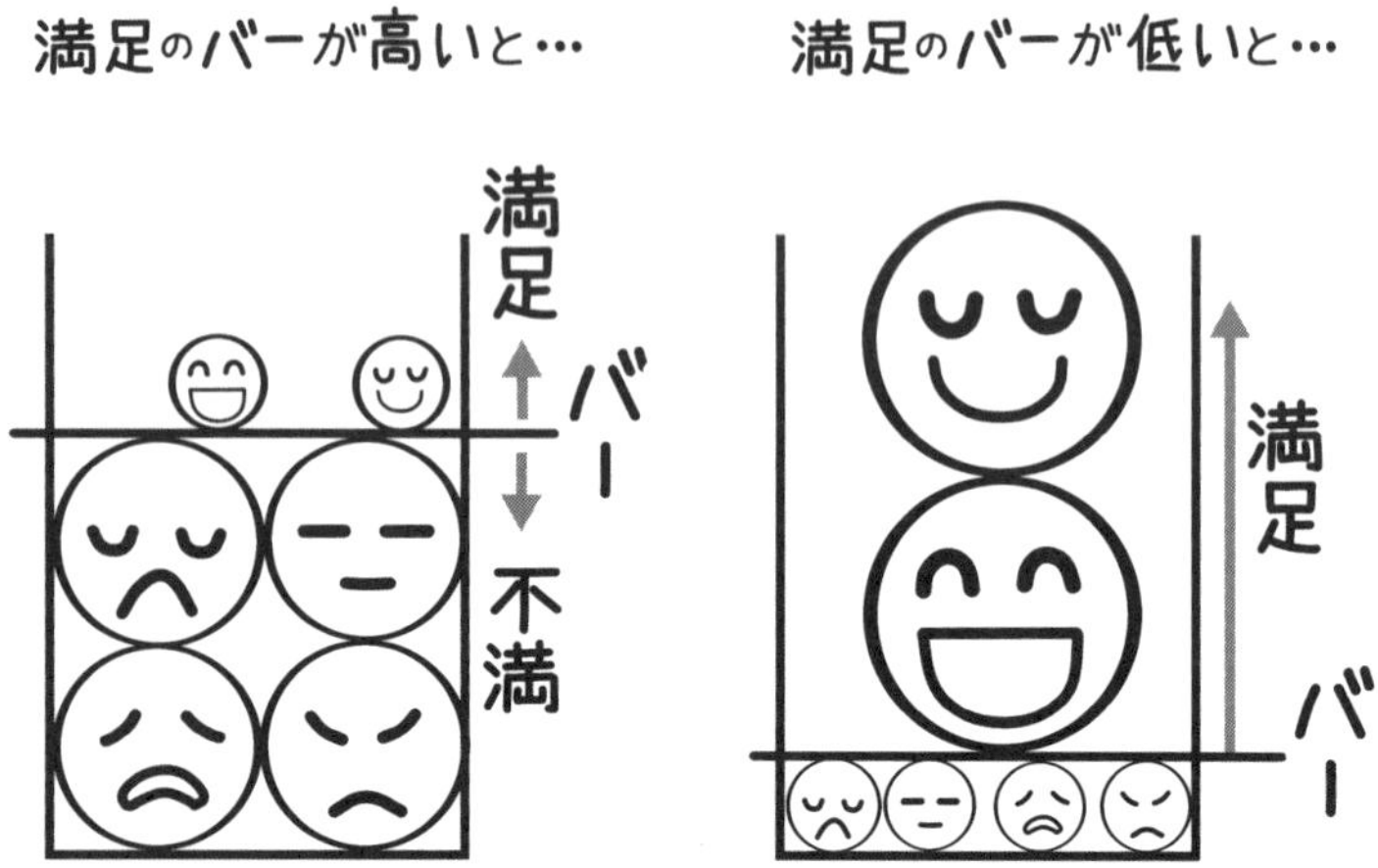

不満なことが増える　　満足できることが増える♪

います♪　さらに言えば、お風呂は一日一回入ります。SMHDWMY習慣で言えば、D（日）の習慣です。だから、**機嫌転換の頻度が多いのです。自分が感謝できる習慣を、生活の中にこうやって仕込んでおくと、上機嫌確率がグーンと上がります♪**

「必要以上」はモアアンドモアを助長

私の自宅は、全室温水暖房がついています。新築したのが2012年の12月21日。例のアセンション（地球大変動）が起こるとか起こらないとか、スピリチュアル界隈で言われていた日です。

施工をお願いした会社は、マイスターハウスさん。高気密高断熱の家で、医者や経営者御用達の住宅メーカーさんです。入居した日に、この会社の社長さんから言われました。「この家は、エアコンの暖房をつける必要はありません。全室温水暖房があるから。知り合いのお医者さんは、28度に設定して、真冬でも短パンとタンクトップ姿で常夏のようにして住んでいます」

「ぜいたくだなあ」と思いつつ、真冬の新築住宅生活がはじまりました。しかし、それにしても暖かい！　いつの間にか私も真冬なのに、タンクトップと短パン姿になっていました。

さて、2カ月目に電気代の明細がやってきました。11万円と印字してあります。何かの間違いではないかと目を疑いました。その原因は、全室温水暖房。９段階中の９の28度に、住宅会社さんが「わざわざ」設定してくれて、全室常夏状態になっていたのです（笑）。

すぐに、設定を下げたら、翌月から電気代は5分の1になりました（笑）。自宅だけ、常夏にするというのは、私に言わせれば、「**必要以上の暖かさ**」です。「その分、金を払っているんだからいいだろう？」という気持ちもわかります。が、地球温暖化うんぬんの議論は差し置いて、上機嫌という観点から見てみましょう。

常夏の部屋から、真冬の外に出ると、「クソ寒い」と感じるようになります（笑）。そして、寒い部屋に入っては、不機嫌になります。ぬくぬく温室栽培が「当たり前」になると、外に出て露地に立つと、弱さを露呈してしまいます。暑さ、寒さだけではありません。広さや、衛生的、そんなことも、自分の基準値を上げすぎると、当たり前のレベルが上がりすぎ、当たり前以下の環境下では、不快になり、不機嫌確率が上がります。**モアアンドモアを無意識に追い求めるようになります**。

「もっと便利な生活」「もっと快適な生活」「もっとリッチな生活」……。

一見、「あほか？」と思われる経済的にも地球環境にもエコな行為を私が繰り返しているのは、自分の上機嫌確率を上げるためにしているわけです。

初めて体験の習慣♪

毎日、初めての体験を何かしら入れると、刺激的な一日になります。たとえば、この文章を書いている日は、執筆の一日ですが、その合間を縫《ぬ》って、長女の高校の文化祭に行ってきました♪　長女の高校の文化祭に行くのは、私にとって「生まれて初めて体験」です♪　長女が女子の友達と楽しそうにかけあっている一面が見られたり、高校生のエネルギーを感じたりして、楽しい体験になりました♪

コロナ禍になって、行動が制限されました。すると、退屈な日常が増えた人が多かったようです。あるいは、皆さんも平日は、自宅と職場の行き帰りで、退屈だと思っているかもしれま

せん。**その退屈を抜け出すためにオススメなのが、「生まれて初めて体験」を「意識して」行うことです♪**

私のゴミ拾いの書籍が出版されて、秋田県で竹田塾という自己啓発の塾をオンラインで運営している、竹田《たけだ》護《まもる》さん（通称、まもるんるん）から、それ以来毎日のように、「ゴミ拾いしました」と私にメッセンジャーで報告が来ます。

私が「上機嫌に生きるヒント」というブログで、「生まれて初めて体験を人生に取り込むと、人生に、変化が出て楽しくなります♪」と書きました。それ以来、ゴミ拾いと一緒に、「生まれて初めて体験」を毎日送ってくれます。

これはどんなことでもいいんです。例えば、まもるんるんは「今日は千羽鶴を折りました」とか、「スパゲティナポリタンを生まれて初めて作りました」とか「編み物にトライしてみました」とか。

こうやって、自分が無意識に行っていたルーチンに、意識して変化を起こすのです。すると、毎日が楽しくなってきます♪　**私はその日に「生まれて初めて」やってみたことを、自分の一行日記に書いたり、ブログに書いたりします。**

たとえば、今日の初めて体験は、「山小屋というカレーショップで、人生初の納豆カレーを食べたこと」でした。セブンイレブンで、新発売のスイーツを買うことも、立派な「生まれて初めて体験」です。

そう考えると、皆さんもほとんど毎日、「生まれて初めて体験」をしているはずです。ただ、それに気付かないでいるだけなんですね（苦笑）。**意識して、「生まれて初めて体験」を数えると、人生が刺激的で楽しいものになるかもしれません。そして、もっと素適なのが、チャレンジ精神が生まれることです。**そうすると、エネルギーが外回りになり、より行動的になります♪　エネルギーが内回りだと、上機嫌確率が下がります。外回りだと上がります♪

「今日はこんな新しいことをした♪」と言える毎日を送ってみてください♪　皆さんの人生に、「上機嫌」という魔法がかかるかも♪

宇宙は、変化そのものです。宇宙のリズムとは、変化に乗ることです♪　変化を恐れずに変化を楽しめるようになると、宇宙の風に乗るように、軽やかな人生になるかもしれませんよ♪

「自分イケてる」と思える写真を待ち受けにする習慣♪

私が変態なのは、自分で自分に惚れているからです（笑）。常識人が私を知ると、ドン引きします（笑）。でも、「自分に惚れている」破常識な私と、「自分に惚れるなんて、恥ずかしくて無理」という常識人、どちらが上機嫌になる確率が高いでしょうか？

では、自分に惚れるにはどうしたらいいか――。

秋田県の田沢湖に、秋田新幹線に乗って行ったことがあります。水深が日本一のキレイな湖です。「日本一」とか「世界一」のスポットに行くのが私は大好きです♪　田沢湖に行くというのも、生まれて初めて体験です♪　私が田沢湖に行くという情報を、私のブログで知った、秋田県の斎藤《さいとう》りょうたさん（通称：りょうちん）というイケメンが、「吉川さんが来るなら、同行します。インスタライブでゴミ拾いの様子を配信します」と言うので、田沢湖で合流して会いました♪

ゴミュニケーション仲間のりょうちんと一緒に田沢湖でデートをして、田沢湖でゴミ拾いをしていました♪　すると、そこに夕日がさしかかります。これはいい絵が撮れると思って、私のゴミ拾いの姿を彼に撮影してもらいました♪

ぜひ、写真を見てみて下さい♪　よく見ると、ゴミ拾いのトングを持つ右手に後光が差しています（笑）。なかなかの奇跡の一枚が撮れました♪　この写真を見ると、自分が誇らしくなります♪　秋田県まで行ってゴミ拾いをしたという自己有用感♪　日本全国どこに行ってもゴミ拾いをしているという、自己効力感♪　結果、スパイラル的に自己肯定感も上がります♪

すると、ますます上機嫌になれます♪　**こんな写真をパソコンの待ち受け、タブレットやスマホの待ち受けにしたら、さらに上機嫌確率が上がります**。待ち受けを見る機会は、一日に20回あるとしたら、20回、自分の心の針が上機嫌に振れます♪　SMHDWMYのH（時）習慣ですから、自分の心への影響が強いのです。

ブログ
奇跡の一枚の記事

5　自分で自分の機嫌をとる「生活習慣」♪

（時間に追われると不機嫌確率が上がる）

バリバリの経営者時代、先述の通り、私の日本一宣言は、「一瞬を大切にする男日本一」でした。日本一を宣言すると、その宣言に合わせて自分の生き方が変わってきます。妻は私の生き方を見て、その異様ぶりに目を丸くしていたことがあります。

「あなたはいつも何かに追われているように生きている」

とにかく、短い時間で多くのことをこなし、自分の価値を最大化することばかり考えていました。結果にフォーカスした生き方を常にしていたため、プロセスを楽しむという人生本来の目的をすっかり忘れていました（笑）。

不機嫌な人になってしまう理由で多いのは、「時間がなくて焦っている」というものです。成田空港のベンチで隣の席の南米系の家族が、私越しに楽しく大声で話をしています。普段なら、にこやかに笑顔で見ていることができて、「写真を撮りましょうか？」と逆に、声をかけるところですが、この日は違います（笑）。原稿という締め切りに追われているので、私には余裕がありません。なので、「ちょっと、うるさいなあ」と思って、イライラしてイヤホンの音声を爆上げします（笑）。

イライラの要因は、自分自身の思考よりも、むしろ「時間に追われたライフスタイル」が、かなりのウェートを占めているように思います。

時計を見ない習慣

そこで、私が普段している工夫をお伝えします♪　**時間に縛られないには？　それは、時計を見ないことです**（笑）。なので、私の部屋には時計がありません。掛け時計もありません。

置き時計もありません。また腕時計もしません。**時計を受動的に見ない仕組みにしています。**つまり、時計がそこにあれば、逐一時計を見てしまいます。ところが、時計がなければ、本当に見ようと思ったら、いちいち時計を探して見ないといけません。

ちなみに、パソコンの私のデスクトップ画面には数年間、マスキングテープが貼ってありました。**マスキングテープで、パソコンのデスクトップ画面の右下の時計表示を消す**のです（笑）。一枚だと、透けて見えるので、マスキングテープを二重にしました（笑）。それほどまでに、時間を見ない生き方を貫きました♪　すべては、自分の上機嫌のために♪

「時間を忘れて没頭する」という言葉があります。この状態を、フロー状態とかゾーンに入るなんて言いますね。つまりは、時間を気にして生きている段階ではフローにもゾーンにも入れないのです。私たちの身の回りは、時計だらけです。掛け時計は、頼んでもないのに一時間ごとに、時報を知らせてきます（笑）。時計を気にするたびに、気持ちは焦ります。不機嫌とは、何かに囚われている状態です。もし、私が毎分のように、時間を気にして生きているのであれば、時間に囚われているから、不機嫌に心の針が振れやすいということです。

電化製品に潜むワナ？

掃除機の音が苦手という話をしました。あの「ブーン」というモーター音が、私の中では不協和音のような感じがして、自然のリズムに一番合わない音のように感じてしまいます。もし、私が一人暮らしなら、掃除機は買いません（笑）。ほうきとちりとりを使います（笑）。クイックルワイパーはゴミが増えるので使わないかなあ（笑）。

掃除機だけに限らず、私が気をつけていることがあります。**電化製品を増やさないこと**です。電化製品が増えると、**操作を覚える必要**があります。**メンテナンスをする必要**もあります。**電池の交換や消耗品の交換に追われる**ことになります。**保証書や取説の管理**も面倒ですね（苦笑）。

私の体験上、もっとも困りモノの電化製品は、コピーもできるマルチな複合プリンターです。私の書斎に、A３型のコピー機兼カラーレーザープリンターを購入しました。便利なのですが、頻繁に消耗品の交換のアラートがつきます。インク、感光体ユニット、用紙。そしてプリンターはよく故障します。紙が詰まります。すぐに取れる場合はいいのですが、場合によっては、ちぎれた紙が機械の中から取れなくなり、インクをべったり手に着けながら、引き出すこともあります。用紙が大きいほど、詰まる確率が高まります（笑）。また、コピーのガラス面の汚れで、拭き取りなさいというアラートも頻繁に出ます。

プリンターを使うのは、月に二度くらいなのに、それ以上にメンテナンスや消耗品の買い換え、詰め替え、故障の対応などに時間を使います。

ある時、妻の大反対を押し切って、プリンターをわが家からなくしました♪　コピーや、印刷するときには、家から自転車で1分のところにある**セブンイレブンさんのネットプリントを使います**。

「学校のプリントとかコピーするのに使うじゃんよ」と妻は言い張りますが、3カ月に1回しか、そんなことは起きません。その結果、私のプリンターストレスは激減しました（笑）。

同じ原理で、自宅の電化製品にいかに振り回されているか考えてみてください。掃除機は、わが家ではしょっちゅう壊れます。ジューサーは、買った当初は何度も使いますが、3カ月すると置物になります。なのに、そこにあるだけでホコリがかかるから掃除の対象です。

「真空ジューサーがいいらしい」と聞いてわが家でも買おうと思いましたが、2台もジューサーを置くのは、場所も取るし気が引けました。そして何より、真空ジューサーは、操作が複雑です。今あるジューサーさえ、大して使いこなしてないのに、新しいジューサーを使ったら、なお操作がこんがらがり、頭もこんがらがりで、不機嫌確率が高まります。

テレビの数だけ、リモコンの数だけ、携帯の数だけ、エアコンの数だけ、調理家電の数だけ、オフィス機器の数だけ、パソコンの数だけ、操作を覚えて、メンテナンスをして、備品消耗品を買い換える必要があります。そして、それが実は私たちに、知らず知らずのストレスを与え

ています。

ちなみに、私が個人的に持っている電化製品は極小です。パソコン、スキャナー、Ｗｉ－Ｆｉルーター、スマホ、ｉＰａｄ、電気スタンド、ひげそり。以上です♪　あ、あとは電池式の鼻毛カッターくらいかな（笑）。こんなに減らしてもＷｉ－Ｆｉルーターの不調に、一年に何回か付き合わされていますす（苦笑）。

電化製品を増やすほど、電化製品に時間を使い、ストレスになる法則がわかってから、減らし続けてきました。同じ原理で、車社会の群馬県で、私は車まで手放してしまいました（笑）。電化製品やモノに振り回されない一日は快適です♪　そして、上機嫌確率が上がります♪

一人になる習慣♪

自分と対話をする時間は取れそうで、なかなか取れません。たとえば朝から晩まで、会社の同僚や家族と一緒にいると、一人になる時間がほぼありません。そこで、意図的に**一人になる時間を作って、自分と対話をすることをオススメします♪**　昔は電化製品もなかったので、夜に床についていて、自省、そして、内観する時間が多かったと言われています。

ところが今は、人と離れて一人になったら、スマホをいじります。動画を観たり、ゲームをしたりして、眠くなったら、そのまま寝落ちする……。すると、一日に一度も自分と対話をする時間がありません。**内観をしないということは、会社で言うとPDCA（目標達成や業務改善）を回さないようなものです**。D（実行）だけ。あるいはP（計画）とD（実行）だけ。C（検証）とA（改善）があって、会社や仕事では、成果がさらに生まれるようになるのです。「今日はこの部分がプレゼンでミスしちゃったから、次回からは、改善しよう」と。

同じことが、上機嫌・不機嫌でも言えます。**ただ毎日を慌ただしく生きていると、不機嫌になった理由を相手のせいにしたり、「何回も言っているでしょ！」と、毎度のように怒りの不機嫌サイクルを回します**。

一日に一度でいいので、内観の時間を作って、自分の内側を見てみましょう。

「内省」と呼ぶ人もいますが、「内省」だと「反省する」というちょっと重たい言葉になるので、「内側を観察する」という中立的な言葉を使って、「内観」と私は呼んでいます。

ところが、何も道具や機会がないのに、内観はできません。**内観は、「一行日記を書く」などして、その時間を充てることをオススメします**。一日1分でもあればいいですね。特に上機嫌になったこと、特に不機嫌になったことを、一日思い出して、その理由を書いてみます。

「例」空港でラテンの家族が自分越しで、会話をしてうるさかった。締め切りの仕事がある間は、不機嫌に振れやすい」

一行日記で実際に記入をするのは、こんな感じです。冷静に俯瞰して、自分を見てみます。高次元の自分（ハイアーセルフ）の視点で見ると、俯瞰の視点で見ることができます♪　これを繰り返していると、自分が上機嫌になるパターン、不機嫌になるパターンがわかり、対策が打てるようになります。私のこの場合では、「締め切り仕事をもって、旅に出ない」みたいな感じでしょうか（笑）。**一行日記を続けると、上機嫌確率が必ず上がります**。

公共のトイレをキレイにする習慣♪

新宿の京王プラザホテルで５００人の経営者、幹部が集まっての研修がありました。私も受講者の一人として参加していました。休憩時間になると、トイレが一斉に混み合います。私は当時、一瞬を大切にする男日本一だったので、休憩に入る一分前に会場を出てトイレに入って、悠悠自適に一人で用を足します。

さて、用を足し終わった頃に、休憩でぞろぞろと何百人もトイレに入ってきました。京王プラザホテルの手洗い場で、いつものように手を洗って、自分のハンカチで、ビシャビシャに水が跳ねた、洗面所をきれいに拭いていました。ちょうどいいタイミングで、一緒にその研修に来ていた、株式会社プリマベーラの幹部の池田卓也《いけだたくや》さんが私を見付けて、感動していました。

その日の彼の日報にこう書いてありました。

「セミナーの受講者が５００人もいて、誰も水回りを拭《ふ》かない。うちの社長しか拭かない。やっぱり、社長の吉川さんはすごい。そして幹部である私たちこそ、この吉川さんの習慣を真似るべきだ」

それから、池田さんを中心に、公共の会場のトイレをキレイにする人がプリマベーラでチラホラ現れました。これが**「理念伝承」**ですね♪　口で言わずに、カラダで示すわけです。そして、また幹部に惚れられるような自分に、自分でまた惚れるわけです（笑）。公共の場をキレイにして、自己有用感が上がり、それを続けることで自己効力感が上がり、人から褒められて、さらに自己肯定感が上がる♪　**自分の生き様に対してさらに自信家になっていきます（笑）**。

そして、この話のオチがあります。

「身の回りの環境整備をしっかりやりましょう。それには、社長や幹部が率先して整理整頓・清掃をしていきましょう。」という内容の研修を当日、その時間にやっていたのです。なのに、トイレに入って水回りを誰も拭かない（笑）。アタマでわかって、カラダでやらないというのが私たち人間です。

ところが、言っていることとやっていることがイコールの生き方、言行一致の生き方の人を見ると、多くの人が「すばらしい」とリスペクトしてくれます。当時から、株式会社プリマベーラの年間の離職率は１％程度。「社長の吉川さんは、信用に足る」と従業員さんが認めてくれていたこともその要因の一つかもしれません。**言行一致は、自分を上機嫌にする生き方であり、なおかつ結果を出す生き方でもあるのです♪**　ただし、自分の言を広げすぎると、やることが多すぎて、不機嫌になるのでご注意を（笑）。

飛行機のトイレもキレイにする習慣♪

飛行機のトイレもよく使います。旅人ですから。トイレに行くと、水回りがやっぱり水浸し。外国の人が使うトイレは、日本のトイレよりも、さらに荒れる傾向があります。床には、トイレットペーパーのちぎれた紙が散乱していることも日常茶飯事です。そこで、私がトイレに入ると、私が入る前よりもキレイにして出てきます。ゴミ箱には、手を拭いたペーパータオルがあふれています。そこで、人が使った使用済みペーパータオルをわざわざゴミ箱から取り出して、ミラー回りを拭きます♪　キレイになって、資源の有効活用にもなって、一石二鳥ですね♪　そして、**もっともっと大きい鳥は、自分の機嫌「とり」という「鳥」をゲットできることです♪**　公共のトイレや飛行機のトイレに入るたびに、自分が誇らしくなって、自分はやっぱりイケてると感じて、またもや「I love myself♪」になります♪　ここでも機嫌転換です。この習慣は、ながら習慣です。トイレに入ったら、自分が入ったときよりもキレイにするという習慣です。トイレに入りながらトイレと水回りを掃除するのです。

普通にトイレに入っても、スッキリはしますが、自分を好きにはなれません。**トイレを一緒にキレイにしちゃえば、カラダのスッキリだけでなく、機嫌をも変えることができちゃいます♪**

一行日記の習慣♪

「一行日記には何を書くのですか?」とよく訊かれます。基本的には私の場合は二つです。一つ目は、**カラダさんとの対話です**。カラダさんに聞きます。「どこか痛いところがあるか、具合が悪いところがあるか」そして、その原因をなんとなく思い当たる節を突き止め、対処を考えます。それを書きます。

「肩がこる。一日12時間ぶっ続けで執筆したからかな。全部終わったらマッサージに行こう♪」

こんな感じでしょうか。**それからもう一つは、心です。自分の感情が揺れたことを、一行日記に書きます**。その瞬間ごとに、機嫌転換して昇華した感情は書きません。なぜなら、そういう感情はほぼ思い出せないからです（笑）。**思い出せるのは、その日大きく感情が揺れた出来**

事や、まだ囚われていることです。

「たとえば今日は、メールで何度も相談に乗ってください、という女の子に、ちょっと不機嫌になった。親切にしすぎかな。はっきり言おう」みたいな感じです。私のYouTubeか本の読者か忘れましたが、20代の女性から、「私の就職の相談に乗ってください」と言われて、私なりの丁寧な回答をしました。

「あとは自分で考えてね♪　健闘を祈ってます♪」と送ったら、追加で質問がエンドレスに続きます（苦笑）。年間１０００万円いただいているコンサル先にも、こんなに丁寧に答えていません。自分が「犠牲」になりすぎているなと思って不機嫌になったわけです。そんな出来事を一行日記に書くわけです。すると、**今後、アドバイスのしすぎ、自己犠牲がなくなりますね♪　こうやって一行日記を使って、不機嫌確率を減らし、上機嫌確率を上げていくのです**。

自己表現の習慣♪

私の大好きな友達の話です。この人は冗談が好きで、波動が軽くて軽妙な人です。すると、そのノリで長女をちょいちょいいじってしまいます。すると、

「ねえ、いじらないで！」

「だから、いやなんだよ！」

そう言って本気で長女が怒ります。小学校の頃は怒っても、すぐにケロリと機嫌が戻るからよかったのですが、このお父さんは、長女が中学生になってから、長女との付き合い方がわからなくなりました。お父さんは、冗談で笑い飛ばすという自分の得意な自己表現を、長女から封じられてしまったのですから。**自己表現ができなくなると、エネルギーが内回りになります。出したいものが出せなくなるから、我慢します。すると、自己表現できないので苦しくなります。ストレスになります。そして、出せないエネルギーが自分の体をむしばみます、刺します。病気の真因はストレスです。そのストレスを減らすにはとにかく我慢を減らすことです。**

それから、このお父さんは、やっぱり我慢していると苦しくなるから、その長女に言いたいことは言うようになりました。時々、そこでぶつかり合いますが、我慢して、ストレスで自分を刺すよりはよっぽどいい、そう生きたほうが、上機嫌だということがわかりました。ハッキリ言い合う今のほうが、むしろ、長女を避けていたときよりも、ケンカするほど仲がよくなったと言います。言い合えば言い合うほど、長女の触れてはいけないポイントがわかるので、内観の時間を使って、軌道修正ができるようになったそうです♪

お父さんの言うことには、悪気はありません。ただ、素直に思ったことを言っている。それを、ネガティブに受けとりがちな長女が、過剰にネガティブに受け止めていたわけです。

でも、一番の根本の問題は何でしょうか。**これはたいへん大きな問題になりますが、家族という組織上の問題です**。家族は社会の中で最小単位の組織です。組織をつくると、自分の実の子どもだろうが、合う、合わないは出てきます。仮に５人家族だとしたら、合わない組み合わせが二つくらい出てきます。その合わない人と５人で一緒に暮らすから、問題が起きます。もし、１００人くらいの村で暮らしていたらどうでしょうか？　お父さんと合わない長女は、１００人のうちの、誰か合う人を見付けて、その人と多くの時間を過ごすようになります。

「家族が仲良くするのが当たり前」という発想は、そもそも無理があるのです。そして、「家族だから」「血がつながっているから」という理由で、苦手な人と、エネルギーを消耗しながら、ストレスで自分を刺しながら、不機嫌に生きる必要は、本来はないのです。自己啓発の本を読むと「それが修行だ」なんて言いますが、不機嫌な修行でお互いをガリガリするほど、不毛なことはないですね（苦笑）。

こんな不機嫌な関係が量産されない、１００人くらいのグループで暮らせる、「まぁるい社会」ができたら、人間関係の多くの問題は改善されそうですね♪　私のささやかだけれど、壮大な夢です♪

6　自分で自分の機嫌をとるための「ギバー」習慣♪

（ギバーとは？）

ギブアンドテイクの理論によると三種類に、人は分けられます。

一つ目は**テイカー。簡単に言うと、奪う人、もらってばかりの人です**。私の知り合いの奥様で、お願いごとは私たちにたくさんしてくる。そして、わが家にも来てお茶もするし、ご飯も食べる。でも、差し入れを一度もしてこない希有な人がいます（笑）。ここまで貫くと、もはや感動レベル。これがテイカーさんです。私たちのほうから、今後お近づきになることはないでしょう（笑）。

二つ目は**マッチャーです。ギブアンドテイクで生きている人です**。「吉川さんちに、子どもの面倒を見てもらったから、お礼にお菓子買ってきた。みんなで食べて♪」と言う人ですね。いわゆる常識人です。マッチャーが、人口の割合では一番多く6割から8割と言われています。

三つ目は、ギバーです。与える人です。たとえば、何かをしてもらったら、「いいよ、そんなに！」とこっちが言うほど、お返しをしてくる人です。**ギバーは与え好きなので、相手を喜ばせようと思って、私たちが受けとった以上のお礼をしてくれます**。人口の1割とか2割がギバーと言われています。

もっとも幸せなのは誰？

前項の３人の中で、幸せになりづらい順番で言うと、一番がテイカーです。

人口のメインはマッチャーです。マッチャーの価値観は「普通、してもらったら、返すよね」です。テイカーはそれすらしないのですから、大半の人から見放されます。会社の中で言えば、「奪う人」というより「仕事をさぼる人」だと思ってください。当然、**上司や同僚から愛想を尽かされて孤立してしまいますね。**

二番目が、マッチャーです。仕事で言うと、給料に見合った仕事をする人です。テイクとギブをマッチさせるので、自分が受け取るテイクに対して、自分が与える労働力のギブをコントロールします。**企業では、出世はそんなにしないけれど、可も無く不可も無い働き方をする人というイメージです。**

三番目がギバーです。ギバーが仕事をすると、自分が受け取る給料よりも、それ以上に返そうとします。さて、そんな人を、上司や会社が放っておくでしょうか？　当然出世をして、より高い給料、より高い役職を得て、自分がやりたい仕事ができる確率も高まります♪　つまり、ギバーがもっとも幸せになりやすいと言われています。

さて、ここで面白いのは、実はテイカーよりも、もっと不幸になる人がいます。なんと、それもまたギバーです。どういうことでしょうか？

二つのギバーのタイプ

ギバーには二種類います。一つは、自分のことを一番に満たして、それから人に与えるギバー。この人が幸福度はもっとも高くなります。そして同時に、経済的な豊かさもこの人が一番得られる確率が上がります。支払ったお金以上の仕事をしてくれたら、多くの人がこの人のファンになりますね。すると、この人に継続的にお金を払うようになり、この人が豊かになるのです。

そして、**もう一つのギバーが、相手を先に一番に満たす自己犠牲型のギバーです。ボランティアをしている人に多い傾向があります**。

「私はこんなにしているのに感謝してくれない」「私はこんなにしているのに、誰も認めてくれない」「私はこんなにしているのに、あなたたちは、何もしない」

この**「のにのに」言う人を「のにのに病」と言いましたね。３Gの犠牲の生き方であり、我慢の生き方です。**それでいてなおかつ、自分自身を満たしてないから、豊かさも手に入りません。お金を受け取るのは、不道徳だと思ってしまうと、こうなりがちです。

シャンパンタワーの法則で、自分のグラスに注がずに人のグラスばかりついでしまう人です。犠牲の生き方は長く続きません。**自分を満たして、その溢れた分を、人に注ぐのが、豊かになり、自分のエネルギーもチャージできる基本の生き方です♪**

人への親切を科学する♪

人に親切にすることで、自己有用感が上がります。人の役に立てたと思うと、自己肯定感が上がります。そんな自分を誇らしくなります。すると、上機嫌に心の針が振れていきます♪

そして、人への親切という上機嫌効果は、比較的長い時間継続します♪

先日、スイス旅行の帰りの飛行機で、隣のスイス人が、食べ物のゴミを入れるのに困っていたので、私がゴミ袋を広げて捨ててあげました。ポーチに普段７袋くらいゴミ袋は持ち歩いていますから（笑）。商売道具ですからね（笑）。そして、私がダイエット中で、食べなかったパンを、そのスイス人の奥さんが欲しいというので差し上げました♪　**こんな小さな親切ですが、**

こんなことをした日は、「一日気分がよかった♪」という人も多いのではないでしょうか？

私の幸福度が高い理由の原因は、ここにあるかもしれません♪　私はこれを毎日、結構な頻度でしています♪　スイスでの8日間の旅行で、ツアーの参加者が楽しみにしているものの一つはやはり食べ物です♪　スイスの一番の名物料理はチーズフォンデュです。私もいつ食べられるかと思って楽しみにしていました。6日目になってもチーズフォンデュにありつけないので、旅行添乗員に訊きました。

「チーズフォンデュは、いつ出るんですか？」

「すみません、出ません」

ガーン（苦笑）。

スイスまでやって来て、チーズフォンデュを食べずに帰るなんてあり得るのか？　私からしたらツアー会社の手落ち中の手落ちだと思いますが、仕方がない（苦笑）。そこで、レストランでチーズフォンデュを追加注文しました。テーブルには私を含めて6人。私が32フラン、日本円で5500円ほどを払って、ごちそうしました。テーブルの人は大喜び。

「いいテーブルに座ったわ」なんて言われながら、ぐつぐつ煮込んだチーズの鍋に付いたこげたチーズを、みんなでこそげ落として、チーズがなくなるまで、堪能しました♪　参加者の皆さんは、一人80万円ほどを払ってきている人たちばかりだから、余裕がある人たちです。それでもおごっちゃう♪　だって、そのほうが楽しいから♪　そして、私が逆に感謝します♪

「皆さんのおかげで、食べられました。さすがに一人ではこんなにチーズフォンデュを頼みませんから。皆さんと一緒に食べたから、特別美味しかったです♪」

　こう思えれば、上機嫌になれますね♪

　大切なのは、チーズフォンデュをまずは自分のために食べる。そして、自分が満喫するまで食べる。そして、それ以上は分け与えるということです。自分は大して食べずに、6人以外の15人にふるまっていたら、それは自己犠牲ギバーです。**私は、まずは自分を満たす♪　それから人を満たす♪　それが、豊かで上機嫌なギバーです♪　「無償の愛」なんて言葉は、サヨナラしましょう。自分をまず償って、それから人に償うのです♪**

7　自分で自分の機嫌をとる「モノ」の習慣

（モノを増やさない習慣♪）

私の寝室のベッドに台が欲しくなりました。百均でちょうどいい板を2枚見付けました。セリアさんで220円で買えます。しかし、私は買うかどうかを2週間寝かせました。熟慮を重ねて、買いました（笑）。念には念を入れて買いましたが、この板もその後、2週間後には撤去されました（苦笑）。結局、2週間悩んで2週間使って、やっぱり必要なかった（笑）。

たかが、110円のモノを2枚買うのに、悩む必要があるのかと思われそうです。が、これには理由があります。**モノが増えるほど、不機嫌になる確率が増えることを経験値で私は知っています。**

モノが増えると何が起こるのでしょうか。**置き場所を占める**という問題。その**置き場を掃除し、片付ける手間が増える**問題。そして、**人にとっての一番のストレスは、使ってなければ、それを見るたびに、無言のプレッシャーを感じるという問題です。**

〈買ったのに使ってないよね？　私を使ってよ〉というモノからの無言のプレッシャーです。

それらにより、**囚われが増えて、不機嫌確率が高まります。**

「欲しい」と「必要」は違う♪

私たちはモノを「欲しい」と言います。ただ、**多くの場合はエゴを満たすための「欲しい」**です。

「デザインが可愛いから」とか「オシャレだから」とか、場合によっては「むしゃくしゃしたから」なんてこともあります。ところが、**「必要」ではないので、すぐに使わなくなります。私の経験上、「欲しい」けど「必要」なモノはほとんどありません**（笑）。

先日も、熟慮に熟慮を重ねてトレッキングシューズを買いました。私は、海外旅行でハイキングに時々出かけます。今のスニーカーは雨に弱く、濡れるので、ちょっとくらいのぬかるみでも平気な、防水のトレッキングシューズを購入しました。いざカナダの旅行に履いていこうと思いましたが、やっぱり履き心地がよくないので、自宅に置いていきました。多少、濡れても履き慣れたスニーカーを履くことにしました。このトレッキングシューズ、結局このまま使わずに、私の経営するリユースショップに持っていくことになりそうです（笑）。**熟慮を重ねても、必要でないものを買ってしまうのです。**

逆に、ビジネスで使うものは悩みません。全て買います。なぜなら、それらは全て必要だからです。買ってイマイチだったら、それは、実験が失敗だったということです。「仕事で使える」と思ったパソコンのマウスがイマイチだったら、すぐに従業員さんにあげるか転売してしまいます。**ビジネスで使うものは「実験として必要」なのです。だから悩む必要はありません。２秒でポチります（笑）。**

プライベートのものは、「欲しい」と「必要」の境目が曖昧です。だから、欲しいと思ったらあえて2週間置きます。その場では、「欲しい」と思ったものが、2週間寝かせたら、頭がクールダウンして「もう欲しくないし、そもそも必要のないものだった」となるのが私の体験上で、9割です。

もし、アマゾンさんや楽天さんで「欲しいな」というモノがあったら、カートに入れて2週間寝かせてみてくださいね。買うモノが激減することをお約束します♪

ミニマリスト習慣♪

ミニマリストの習慣は、**結果を出したい人、上機嫌になりたい人、どちらにも効果があります。**結果を出したい人は、モノを減らすことで、**モノからの雑音を減らせます。それにより、本当に重要なことにフォーカスして、取り組めるようになります。**また、上機嫌になりたいヒトは、モノを減らすことで、**雑用を減らせます。モノに振り回される時間が減って、自分が本当に大切なことに取り組めるようになります。**

私自身のモノの買い物は、極めて少ないです。私のモノは、まずはゴミ拾いで拾って調達する（笑）。次に、人からもらって調達する（笑）。そして、人や家族から借りる。服が6着しかなくて、旅に行くのに服が足りなくなるときには、妻のクローゼットをのぞいて、私が着られそうな大きめのTシャツなどを、拝借します（笑）。

また、大きめのリュックが必要なときは、買わずに、家の中を物色して、長女が部活で使っていたａｄｉｄａｓのリュックのお下がりをもらいました。

それでも、必要なモノが手に入らないときには、レンタルを考えます。

長女が「ギターをやりたい」と言い出しました。

「絶対に続かない」と踏んだ私は、レンタルサイトでギターをレンタルしました。３カ月縛りで９０００円。借りて、何日弾いたと思います？　わずか２日！　ギターはかさばります。もし買ったら、それを保管して、なおかつ、また他に売るのにも手間がかかります。余計な仕事と悩みの種が増えるのです。だったら、レンタルのほうがはるかにお気楽ですね♪

ちなみに、ロボットのａｉｂｏも、かつてレンタルサイトで借りました。経営する整骨院の待合室で使えるかなと思って、１週間レンタルし、わが家で実験してみました。１週間後の、お別れの時に子どもたちは悲しそうでした。プリンちゃんと名付けて情が移ったようです。「買いたい」と子どもたちは言いましたが２日間放置していたら、プリンちゃんのことは誰も言わなくなりました（苦笑）。

私の場合は、書籍だけは仕事上、よく買います。書籍もたいていの場合は、その場でさーっと読んでしまいますが、送られてきた本や、「読まなければいけない本」は、なかなか開こうと思いません。すると、積ん読状態になります。積ん読にしておくと、書籍が声をかけてくる気がします（笑）。

〈いつ私を読むの？　そろそろ読んでくれるよね？〉

モノから感じてしまう、このプレッシャーが苦手で、なるべく目につかないところにそういう場合は退避させます（笑）。

また、現役経営者の時代は、読み終わった書籍を片っ端から裁断して、スキャナーでパソコンに取り込み、電子書籍化していました。では、そのうちの何割を見返すかというと、200冊に1冊です（笑）。**「必要だからしていた」というよりも、目の前から物理的な書籍をなくしたくて、心をすっきりさせたくて、そんな回り道の作業をしていたような気がします。**

今では、見返す機会がないことがわかったので、書籍をスキャナーでスキャンすることはゼロになりました。

中古で満足できると新品は感動できる♪

ゴミ拾いをして、ハンカチを拾うことがよくあります。今日は、成田空港に行く途中、太田駅でＡｄｏさんのイラストがプリントされたハンカチを拾いました。きっと女子高生が落としたものでしょうね（笑）。早速、そのハンカチを私の愛用品の一つにしました（笑）。**こうやって拾い物で満足し、時にはその拾い物との出会いに感動して生きています♪**

先日も、ＵＦＯキャッチャーで取ったと思われるチイカワのぬいぐるみが長野市の道ばたに落ちていました。感動レベルにキレイなチイカワです。三女が大好きなので、このあと数時間後にまだ落ちていたら拝借しようと思ったら、うっかりその道を通るのを忘れてしまいました（苦笑）。拾ってプレゼントしたら、三女がきっと大喜びしたはずです（笑）。

こうやって、**堂々と拾得物横領罪をはたらいていますが、今のところ訴えられたことはありません**。あくまでも拝借するだけで、落とした本人が見つかったら、返す意思がありますから（笑）。拾いものを預かっているだけです（笑）。

拾い物で満足できると、もらい物、お下がりで感動します♪　お下がりで満足できると、中古で感動できます♪　中古で満足できると、新品を買うと感動します♪　結局ミニマリストというのは、自分が感じる満足のバーを引き下げることに大きく役立ちます♪　足るを知る生き方が、ミニマリストの生き方かもしれませんね。

「あんた、お金あるんだろ？　なのに、なんでエコノミー席？　着てる服も高そうに見えないし」

その答えは、満足できる基準を下げておくと、その基準以上のほとんどのことに喜びを感じられるからです♪　つまり上機嫌確率がとっても高くなるからだと説明できます♪

8　自分で自分の機嫌をとる究極の習慣「ゴミ拾い」♪

なぜゴミ拾いなのか？

さて、今までさまざまな上機嫌習慣をお伝えしてきました。その中で、私の代名詞となっているのが、ゴミ拾い習慣です。そのゴミ拾い習慣を短いページで簡潔にまとめてみましょう。

ゴミ拾いが習慣として優れている点はいくつもあります。本書で使っている言葉を使うと、

「ゴミ拾いは最高の機嫌転換である♪」

「ゴミ拾いはSMHDWMYのH習慣（時）である♪」

「ゴミ拾い習慣はギバー習慣の究極である♪」

ゴミ拾いを続けると、自己効力感が高まります。「自分は続けられた」と思えます。しかも、

ゴミ拾いの場合は個数を数えることができます。これが、自己効力感の醸成に輪をかけます。

「今日は50個拾えたから、一日一善ならぬ一日50善できた」

そう思えるのがゴミ拾い習慣の素晴らしいところです。そして、**公道をゴミ拾いするということは、世のため人のために貢献することに他なりません。自己有用感を、極めて高く感じることができます。さらに、一円にもならないバカバカしいゴミ拾いをすると、自己肯定感が上がります。そして、この三つの感がスパイラルで上がるから、自分の生き方に、ホンモノの自信が持てるようになります♪**

損と得の道あらば、損の道を行くとは？

「損して得とれ」の代表が、ゴミ拾いかもしれません。一円にもならないバカバカしい行為とは、損な道です。その損を自ら買って引き受けることで、人が見る目が変わります。

「あの人は無私な人だ」「あの人は信用できる」

こうやって、**社会的信用を得るという、「得」を得ることができます。同時に、いわゆる「徳」積みにもなります。**

「徳」とは何かというと、私なりにわかりやすく言うと、ギブマイナステイクの、総和です。

自分が得るものより与えるもののほうが大きく、それが積み重なると、徳になります。そう考えると、ゴミを125万個拾った私の徳は、なかなかのものかもしれません（笑）。

そして、**上機嫌に関係してくるのが、自分のテイクを自分のギブが上回ると罪悪感がなくなるという点です。**人はモノを盗むと罪悪感を覚えます。それは、自分は一円も差し出してないのに、取ってしまったからです。自分だけ、楽な生活をしていても、罪悪感を覚えます。なぜなら、自分はあまり差し出してないから。**もし罪悪感や後ろめたさを何かしら覚えるのなら、ゴミ拾いのようなギバー行為をすることをオススメします。**

私も、株式会社プリマベーラの社長時代に、アダルト商品を扱う私たちのお店を目立つように宣伝したときなどは、多少の後ろめたさを感じることもありました。それを、**チャラにしてくれるのがゴミ拾いです（笑）。世間さまに少しだけ迷惑をかけている分、ゴミ拾いで帳消しにするイメージです♪**

誰よりも立派な人と思われるゴミ拾い♪

群馬県の県会議員さんは3人ほど私のお知り合いです。私に会うと、三人とも不思議な反応をします。少し気まずそうです（笑）。本来、地元群馬県のために身を粉《こ》にして働くことを宣言している議員の先生ですが、**道ばたのゴミをあまり拾ってない自分に後ろめたさがあるのかもしれませんね**（笑）。県会議員さんが街頭演説をしているところで、私がたまたまゴミ拾いをしていたことがあります。議員の先生は、「ご苦労様です」なんて言いながらも、演説がやりづらそうでした（笑）。

また、次女と同じ中学に通う同級生のお父さんが群馬県の県会議員さんです。中学校の運動会の合間に、私が校舎の周りをゴミ拾いしていたら、この議員さん一家がちょうど昼食を食べに行く途中だったようで、「あ、吉川さんだ」と気付き、これまた気まずそうでした（笑）。「本来、自分たちがしなければいけないことを、ゴミ拾い仙人なる吉川パパにしてもらっている」という引け目があるのかもしれませんね。お二人とも素敵な政治家さんですが、**ゴミ拾いをすると、彼らからも一目置かれるようです**（笑）。

「足下の紙くず一つ拾えない人間に何ができよう？」

とは、20世紀を代表する教育学者の森信三さんの言葉です。政治家や学校の先生など、いわゆる「立派な人」たちは、**ゴミ拾いの「積小《せきしょう》為大《いだい》」**をよくわかっているのでしょうね♪

ゴミ拾いは究極の機嫌転換♪

ゴミ拾い習慣は、「ながら」でできます。私のゴミ拾いも全て、無理せず、「ながら」で行なっています。私の場合は出かけて歩くたびに、1日平均5回ほどゴミ拾いをしているので、ゴミを拾うことが、もう当たり前の習慣になっています。

そして、**ゴミ拾いは言うまでもなく機嫌転換の習慣です。ゴミ拾いのたびに、上機嫌になります♪** そして、**私がゴミ拾いをしている姿を見せることで、上機嫌な波動を放射するという大いなる目的があります**（笑）。**競争社会で、無意識に戦いに組み込まれている私たちは、普通に暮らしていると知らないうちに重たい気持ちになります。それをゴミ拾いも含めた機嫌転換のテクニックを使って、少しでも自分で自分の機嫌をとれるようになったら素適ですね♪**

また、**ゴミ拾いは、恥ずかしいと思っているとできません。普段、他人軸で生きている私たちが自分軸で生きるきっかけになる行為でもあります。人の目を気にしなくなったら、自分らしさをますます発揮できるようになります♪　他人軸から自分軸へ。それが「I love myself♪」の生き方でもあります♪**

「ゴミ拾いの一歩が踏み出せない」
「本当に吉川という人間が上機嫌なのか、この目で確かめてみたい」
「有料級とやらの吉川の話を一度聞いてみたい」
　そんな人は、ゴミ拾い仙人ＬＩＮＥに登録してみてくださいね♪　日本全国の大都市を中心に、ゴミュニケーションをして回っているので、ぜひ私と一緒に楽しく「上機嫌ゴミ拾い」をしましょうね♪　素適な皆さんに会える日を楽しみにしてます♪

ゴミ拾い仙人
吉川充秀
公式LINEアカウント

おわりに

本書でお伝えしたかった内容はシンプルです♪

「幸せとは上機嫌のことである」ということ。

上機嫌になるには、不機嫌の時間を減らし、上機嫌な時間を増やすこと。

そして、**上機嫌な時間の長い人ほど「幸せな人」**だということ。

具体的に上機嫌になるには、LTEを生活に増やすこと。自由、感謝、楽しむ時間が増えれば、機嫌がよくなるということ。

また、**具体的に不機嫌を減らすには、3Gを減らすこと**。我慢、犠牲、義務の三つを減らし、ストレスを減らすこと。

そして、本書の後半では、それぞれLTEを増やす習慣と、3Gを減らす習慣を具体的にお伝えしました。

さて、本書では、ほとんど伝えてこなかった言葉があります。それが「愛」です。抽象的な「愛」という言葉を、本書では「可愛い」や「I love myself♪」という言葉に置き換えました。

結局、**自分で自分の機嫌をとる生き方とは、何なのかと言えば、自分で自分を愛する「I love myself♪」な生き方**だと言えます。自分を愛しているからこそ、自分の上機嫌をもっとも大切にする。そのために、自分を苦しめる我慢、犠牲、義務を減らし、自分を解放する「自由」、なんとも言えない幸福感に浸れる「感謝」、時間を忘れてのめり込む「楽しむ」生き方を選ぶのです。

愛とは「尊重」と「感謝」である。愛を20年間、研究してたどりついた結論です。その愛の対象を、いの一番に自分に置く。つまり、**自分の生き方や価値観を尊重し、自分の存在そのものに感謝する**のです。それを心底できれば、自然と他人の生き方や価値観をも尊重し、彼らの存在にも感謝できるようになります♪　自分を心底愛せるようになると、他人を愛せる確率が上がるのです♪　他人の生き方や価値観を尊重し、存在に感謝できるようになったら、**他人の自由に干渉することが減ります。**すると、平和な世界が自分の世界に表出します。**自分で自分の機嫌を徹底してとっていたら、その上機嫌が共振して、周りの人まで上機嫌が伝染します♪**

自分の周りが平和じゃないと思ったら、ただひたすら、自分で自分の機嫌をとり、自分を愛して、自分の人生を平和にデザインするのです♪

そんな思いを込めて、カバーの表紙に、次女のＳａｒａｎ．がデザインしてくれた「上機嫌の音符の双葉」のイラストを入れました。自分で自分の機嫌をとることは、音符の双葉に自分で水やりをするイメージです♪　水やりを続けた結果、カバーの裏表紙につながります。自分の機嫌をとるには、高価なシャンパンはいりません。ガムテープで補修した象さんのジョウロで、無料の水をかければできるのです♪　つまり、お金のかからない習慣で充分にできるのです。

そして、自分を満たすことだけ考えて、自分に水やりをしていたら、いつの間にか周りが、上機嫌な人ばかりになっていた♪　こんな素適な「まぁるい人が住む、まぁるい社会」ができたら、なんて素適だろうと、よく妄想しています♪　それこそが私の夢でもあります♪♪

本書を読んだ皆さんが、自分で自分の機嫌をとることの大切さに気づき、少しでも上機嫌になり、周りの人にその上機嫌が共振したら、社会が「まぁるく」なります♪　そして、私の理想とする「まぁるい社会」を一緒につくる仲間が一人でも増えたら、こんなに素敵なことはありません♪♪♪　皆さんに、素適なことが流星群のように降り注ぎますように♪

２０２４年９月吉日

No Joukigen, No Maarui Shakai♪　吉川充秀

「機嫌転換」習慣マトリックス

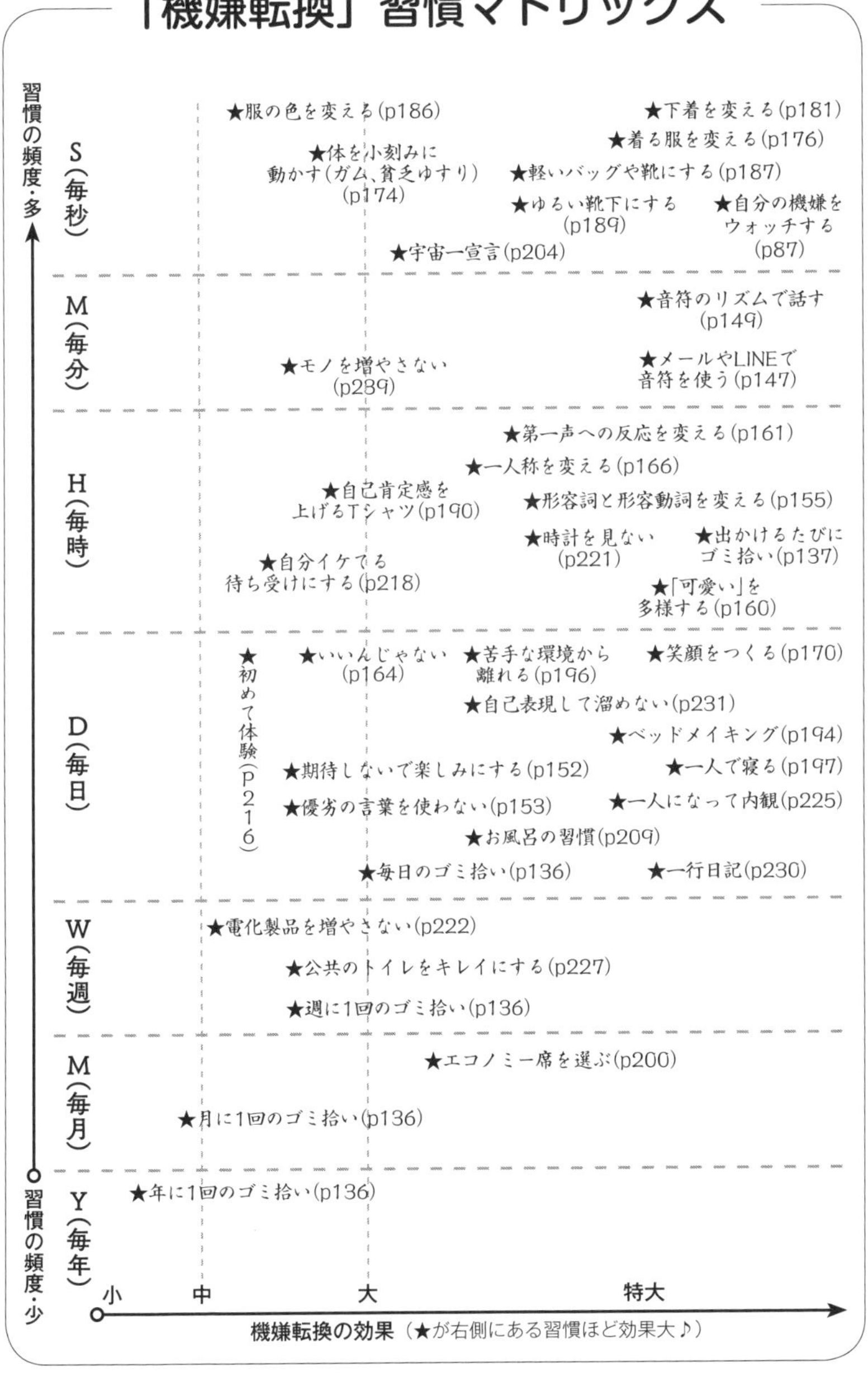

吉川充秀（よしかわ・みつひで）

ゴミ拾い仙人、株式会社プリマベーラの創業者、現取締役会長兼 CGO（最高ゴミ拾い責任者）。1973 年、群馬県生まれ。横浜国立大学経済学部卒業後、地元のスーパーに入社。1998 年、群馬県太田市にてセルビデオショップ「利根書店」をオープン。 開業後、半年で月商 1000 万円のドル箱店に。26 歳で高額納税者入り。その後、古着や貴金属のリユース事業を中心に、整骨院、経営コンサルティングへと事業領域を拡大。2024 年現在、グループ全体で 4 事業部 19 業態 52 店舗を運営。プリマベーラは年商 51 億円、15 期連続増収増益中。会社の時価総額は約 50 億円。ライフワークはゴミ拾いであり、日本中、世界中で拾ったゴミは 126 万個超。経営者×幸せの専門家×ゴミ拾い仙人として、メディア出演、講演活動多数。著書に『ゴミ拾いをすると、人生に魔法がかかるかも♪』（あさ出版）、『ヤバい仕組み化』（同）。処女作のゴミ拾いの書籍は、中国で翻訳出版され、韓国、台湾でも翻訳出版予定。

自分で自分の機嫌をとる習慣♪

2024 年 10 月 11 日　第 1 刷発行

著　者　吉川充秀

発行者　岩尾悟志

発行所　株式会社かや書房
〒 162-0805
東京都新宿区矢来町 113　神楽坂升本ビル 3 F
電話　03-5225-3732（営業部）

印刷・製本　中央精版印刷株式会社

ISBN 978-4-910364-52-0　C2034